学級を最高のチームにする！
365日の集団づくり

中学3年

赤坂 真二 編著　海見 純 著

明治図書

シリーズ発刊に寄せて

　「中学校や高等学校の学級経営に関わる書籍がない」という声を数多く聞きます。そのような現状の中で，まず，「学級を最高のチームにする！365日の集団づくり」の中学校編・高校編が刊行されたことを心から嬉しく思います。

　中学校や高校の学級経営，とりわけ，学級集団づくりがとても重要な状況になりました。私は，全国の学校に招聘されて校内研修に出かけていますが，少し前までは，依頼主は小学校が中心でした。しかし，近年は中学校が増えてきましたが，最近では高校からご依頼をいただくようになりました。

　その背景にあるのが，学習指導要領改訂の動きの中で，俄に注目を浴びるようになったアクティブ・ラーニングです。交流型の学習を進める上で，学級集団づくりは不可欠であることに気付いた学校が増えてきたのでしょう。一方で，そうした「これからの備え」ということだけではない本音が見えるご依頼もあります。

　校区内の小学校が，この学力向上ブームの中で，授業改善に熱心に取り組むのはいいのですが，その基盤となる学級集団を育てないために，学級崩壊を繰り返しているというのです。その荒れが回復しないままに，中学校に進学してくるので，集団生活を送ることができるよう，基礎的な部分から指導をしなくてはならないといった切実な事情もあるようです。小学校のときは，教師の目の届く範囲内で，それなりにやっていた子どもたちが，中学校，高校という教科担任制のシステムで，うまく適応しない事例が少なからず起こっているのでしょう。小学校が授業づくり（学力向上）に熱心に取り組む一方で，集団として訓練や社会性が未発達のまま，次の学校段階に送り込まれ，中学校や高校が社会性の育成をやり直さなくてはならないのは何とも奇妙な話です。

　いずれにせよ，学級経営の重要性は高まっているようです。平成28年12月

21日に示された,「幼稚園, 小学校, 中学校, 高等学校及び特別支援学校の学習指導要領等の改善及び必要な方策等について（答申）」（中央教育審議会）（以下,「答申」）でも, 学級経営の充実について述べられています。これまでの指導要領でもこのことについて触れられていました。しかし, 今回は次のように,「これまで総則においては、小学校においてのみ学級経営の充実が位置付けられ、中学校、高等学校においては位置付けられてこなかった」ことを指摘し,「総則においても、小・中・高等学校を通じた学級・ホームルーム経営の充実を図り、子供の学習活動や学校生活の基盤としての学級という場を豊かなものとしていくことが重要である」と小, 中, 高と, 一貫して学級経営をしっかりやっていこうとはっきり言っています。

しかし, アクティブ・ラーニングだけに注目すると, 改訂の趣旨を見落としてしまうのではないでしょうか。アクティブ・ラーニングを理解するには, その背景から理解しておくことが必要です。図1は, 先述の「答申」を受け

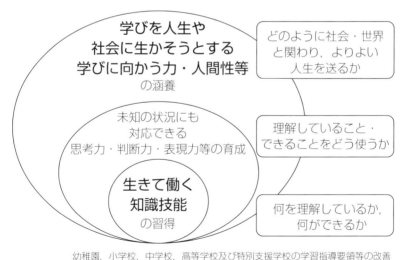

幼稚園, 小学校, 中学校, 高等学校及び特別支援学校の学習指導要領等の改善及び必要な方策等について（答申）
平成28年12月21日（水）中央教育審議会

図1　次期指導要領における学力観（筆者作成）

て，私が作成したものです。

「答申」では，「子供たちの現状と課題」において，「学ぶことと自分の人生や社会とのつながりを実感しながら，自らの能力を引き出し，学習したことを活用して，生活や社会の中で出会う課題の解決に主体的に生かしていくという面から見た学力には，課題がある」と指摘しています。これまで，わが国の子どもたちは，国際学力調査では高いスコアを獲得してきました。しかし，それは，テストの点を取ることに長けていても，世の中に貢献するような力（実力）はつけてこなかったということです。

> 学力は高いが実力はない

という判断です。「知識技能」は，生きて働くものであり，「思考力・判断

図2　指導観の構造

力・表現力等」は，未知の状況にも対応できるものであり，それらは，「学びに向かう力・人間性等」の涵養に向かっていくべきものなのです。

　こうした力をつけるときに，クラスメートの後ろ頭を見つめながら，一部の子どもたちの意見を黙って聞きながら，ひたすら黒板を写すような授業を繰り返していて大丈夫なのかと問いかけているのがアクティブ・ラーニングの視点による授業改善なのです。教師の考え方「観」の構造を図2のように示すと，これから社会構造が変わり，社会のあり方が変わります。すると，求められる能力・資質も変わります。すると，それを身につける指導のあり方も，集団のあり方も変わります。したがって，授業も変わらざるを得ないということです。

　子どもたちの「学びの場としての学級のあり方」が新たに問われているのです。このような状況の中で，職員室が世代交代を迎えています。指導層となるベテランの大量退職が進んでいます。私たちの時代は，困ったら気軽に先輩に聞くことができました。しかし，今はそれが難しくなっています。

　ならば，教員養成の段階で何とかしなくてはと思いますが，残念ながら，現在の教員養成のプログラムにおいて，学級づくりに関する内容は標準装備されていません。普通に教員免許をとるだけでは，学級づくりを学ぶことができないのです。つまり，多くの新採用の先生方が，学級づくりにおいて丸腰の状態で現場に放り出されるような状態が続いています。そうした危機感を背景に誕生したのが本シリーズです。

　本シリーズでは，高い機能をもつ学級集団の姿として「チーム」を構想しました。チームとは「一人では解決できない課題を，良好な関係性を築きながら解決する集団」です。アクティブ・ラーニングの本質をズバリと突いていると思います。そして，各学年の執筆者たちが「チーム」に向かう道筋を，中学校編は，学年別に1年間，高校編は3年間まるごと紹介しました。

　本シリーズを執筆したのは，次の4人です。

　中学校編の1年生は，岡田敏哉氏です。岡田氏は，英語教師，また柔道部一筋18年の中堅です。地域で，教科指導でも部活指導者でも期待を集める教

師です。近年は,ベテランと若手をつなぐミドルリーダーとしても活躍し,信頼を集めています。教科指導,部活指導,若手育成そして仕事術,すべてを高い水準でクリアする教師です。

2年生の久下亘氏は,国語教師でありソフトボール部顧問です。久下氏は小学校教師の経験があり,小中(小8年,中5年)を通じて学級集団を自治的集団に育てることに尽力してきました。協同学習を学び,生徒が交流しながら学び合う授業づくりに早くから取り組んできました。フットワークの軽さで,各地の研修会に参加し全国の実力者と交流しながら,貪欲に学んできました。

3年生の海見純氏は,国語教師でありソフトテニス部顧問です。海見氏は,学年主任として,若手が増加する地元で教育委員会公認の「達人教師」として示範授業などを行っています。若い頃から地元の仲間とサークルにおいて自らを磨くとともに,若手育成にも尽力してきました。何事も率先垂範で尊敬を集める20年目のベテランです。

また,高校編の片桐史裕氏は,27年の高校勤務(国語)を経て,現在は,教職大学院で教員養成に関わっています。高校勤務時から,全国規模のサークルや学会に所属し,講座をしたり発表をしたりして,研究的視点で実践を磨き上げてきました。特に群読の講座は,参加者が楽しく学びながら一体感も感じるととても好評です。

4人に共通していることは,
① 教科指導の高い実践力をもっていること
② 若手指導を育てる力をもっていること
③ 職場で信頼されていること

です。信頼を集める教科指導のプロだからこそ,彼らが語る学級集団づくりに説得力があるのです。1年間の実践を公開できること(高校編は3年間),それが即ち,彼らの「実力の証明」です。どうぞ渾身の作をお手に取ってご堪能ください。

赤坂　真二

シリーズの読み方

　本書の構成は画期的です。各学年の1年間の実践が1冊に凝縮されていますが，スタートが3月です。3月は，学級づくりのゴールイメージです。

> 結果の質を決めるのは，目的の質

です。目をつぶってボールを投げて，的に当たるわけがありません。目的地を決めないでとりあえず出かけて，うまくどこかにたどり着いたとしても，それは，「誤った場所」に「順調に」到着しただけです。まずは，各執筆者のゴールイメージをよくお読み下さい。また，そのゴールイメージをもつに至った根拠となる基本的な考え方が第1章に示されています。考え方の違いはちょっとしたものかもしれません。しかし，スタート時は僅差でも，ゴール地点では大差になっていることがあります。

　それを実現するために，2か月ごとに分けた5期の取り組みがあります。各時期のページの分量を見ればわかるように，第1期（4月，5月）が多くなっています。ここからわかるのは，成果を上げている教師たちが，1学期，それも導入期の営みを極めて大事にしているということです。学級集団づくりは「後回し」にすればするほどリスクが高まります。

　しかし，学級づくりはロングランの営みです。1学期だけがんばればいいわけではありません。継続的に取り組むことが大事です。そこで，取り組みが順調であるかを診断するために，最終章に学級集団づくりのチェックポイントを挙げました。定期的に学級づくりを点検してみて下さい。人の営みは，やったつもりになっていることがよくあります。定期的な振り返りは，やったつもり，やったふりに陥ることを防いでくれます。

赤坂　真二

☆まえがき

　中学３年生の担任になったということを周りの人に話すと，決まって「受験とかいろいろあるし，大変ですねえ」というような返事が返ってきます。

　実際，運動会，合唱コンクールなどの学校の各種行事や部活動，そして委員会活動は，３年生の活動ぶりがその成否を大きく決めますから，３年生の指導に当たる教師は，常に緊張感をもって指導に当たることになります。また，11月からは生徒たちの進路指導に当たる場面が多くなり，そして受験の書類作りにも抜けやミスがあってはいけませんから，事務仕事にも緊張感をもって取り組んでいかなければなりません。その上，部活動も指導しなければならず，確かに，「大変ですねえ」と言われるだけのことはあるのかもしれません。

　しかし，私は「大変ですねえ」と言われるたびに，「そうかなあ？」と心の中で首をかしげます。

　正直なところ，私は３年生の担任をするのが大好きです。中学校３年間の中で，生徒がもっとも濃密な時間を過ごすのが３年生であり，その濃密な時間を生徒とともに過ごし充実感を味わえるのも，また３年生の担任の特権だろうと思っているからです。

　「憧れられる先輩」になろうと一所懸命にがんばる３年生は，とても可愛いなと思います。運動会のリーダーなど，１週間で堂々と後輩に指示を出すようになります。そして，団をまとめ，応援合戦をやり切った後の解団式で，勝っても負けても涙を流して団員をたたえる姿，純粋でいいなあと思います。合唱コンクールでは，「これが最後の合唱だ」という気持ちで学級が一つになり，１・２年生には出せないすばらしい歌声を響かせ，学級に戻れば涙を流してお互いをたたえ合う，これまた純粋でいいなあと思います。

　そう，３年生は，学年で，あるいは学級で団結したときには，１・２年生の及びもつかないようなパワーを発揮し，感動の涙とともに大きく成長して

いくのです。私は，そんな感動的なシーンを，生徒とともに味わうことのできる３年生の担任が，とても好きなのです。
　また，進路指導においては，生徒たちと面談を繰り返す中で，一緒に真剣に将来のことを考えたり，語り合ったりすることになります。２年生までは，まだ進路選択まで間があるせいか，なかなか真剣に将来の話をするということはできません。真剣な面談を繰り返す中で，生徒との心の距離が近くなっていきます。私は，生徒と一人の人間として，心を開いて真剣に語り合うことのできる３年生の担任が，とても好きなのです。
　こんなふうに考えるとき，中学３年生の担任が一番やりがいのある楽しいポジションなのではないかと思うのです。
　急いでつけ加えますが，楽しいと言っても，いつも笑っていられるというような質の楽しさではありません。日常生活の中では，「そんな姿を後輩に見せていいのか！」と叱ることもありますし，行事ではなかなか生徒の心に火がつかず，やきもきすることもあります。合唱活動が停滞しているときなど，悩みすぎて，ご飯の味がわからなくなるということもあります。
　でも，そういういろんなことを生徒と一緒に乗り越えていくからこそ，充実感のある時間になるのではないかと思います。
　そして，充実感のある時間を過ごしていく上で大切なのは，教師の「愛と誠と本気度と」に尽きると思っています。
　しかし，「愛と誠と本気度と」があっても，それが生徒に誤解なく伝わるようにするポイントとかコツがあるように思います。
　私は，これから３年生を担任する先生方とその学級の生徒たちが，それぞれの濃密な時間を過ごしてくれることを願っています。そのために，私自身の経験から，こんなふうに考えたら学級がまとまっていくのではないか，「愛と誠と本気度と」が伝わるのではないかと思うところを，少しだけ書かせていただきます。
　以降に書くことが，少しでも皆さんのお役に立つことを願っています。

海見　純

シリーズ発刊に寄せて
シリーズの読み方
まえがき

第1章 3月 涙と笑顔の最後の学活
～全員が「このクラスでよかった」と思いながら笑顔で旅立つ～

- 1 一人ひとりの生徒が仲間と自分と未来を肯定する —16
- 2 3年生の学級のゴールイメージ
  ～私が担任した学級の3月の様子から～ —17
  - 1 どの生徒にとっても教室が居心地のいい場所になっている —17
  - 2 全生徒が自発的に協力して学級生活を豊かにする活動をしている —19
- 3 ゴールイメージに至るための学級集団づくり —22
  - 1 1学期は日常生活がきちんと機能する集団づくりをする —22
  - 2 2学期は行事を通して団結力を高め生徒同士の心がつながる
    集団づくりをする —24

第2章 4月〜5月 生徒のやる気を共有し,最大限に活かし,伸ばし,育てる
～学年団がチームとなる～

- 1 始業式を迎える前に学年内での共通理解を図る —27
  - 1 学年として指導をそろえる部分をはっきりさせる —27
  - 2 最初の1週間の学活・総合の予定を把握しておく —32
- 2 学級開きから教師と生徒との信頼関係をつくり,
  生徒の安心感を高める —36
  - 1 当たり前のことをほめ,認め,励ますことで安心感を生む —36
  - 2 2年生までのことはリセットする —38
  - 3 やる気を共有して,集団としての雰囲気を高める —40
- 3 リーダー生徒に集団づくりの視点をもたせる
  ～席替えの班長会議から～ —42

1　席替えは担任の専権事項であることを知らせる　—43
　　　2　班長と担任で席順を検討する　—43
　4　全員参加で学級目標をつくる　—46
　5　学校管理下の自治的活動であることを教師も生徒も理解する　—47
　6　「憧れられる先輩」をスローガンにする　—49
　7　授業も集団づくりの時間だと心得る　—51
　　　1　生徒同士が関わる場面をつくる　—51
　　　2　生徒の意見を共有する場面をつくる　—52
　8　すべての行事を意図＝糸で結び，効果的な集団づくりをする　—53
　　　1　前任校の場合　—54
　　　2　現任校の場合　—56
　9　学級通信で担任の愛と誠を示す　—58
　　　1　生徒と学級のよいところを紹介する　—59
　　　2　教室の日常をそのままネタにする　—59
　　　3　教師としての信念・信条をストレートに書く　—60

第3章　6月〜7月　部活動に打ち込み，2学期の行事に向けて準備をする
〜「憧れられる先輩」を目指す〜

　1　部活動を通して学級・学年集団づくりをする　—62
　　　1　壮行会を活かす　—62
　　　2　担任として，部活動の目的を伝える　—63
　　　3　後輩から見た3年生の素敵な姿をフィードバックする　—64
　2　集団づくりという面から考える学習・進路の指導　—66
　　　1　進路に関する情報を共有しつつ，協力して受験に向かう雰囲気をつくる　—66
　　　2　個人面談において，教師と生徒との信頼関係を築く　—68
　3　行事に向けての集団づくりを進める　—69
　　　1　リーダーとしての資格を明確に示す　—69
　　　2　リーダーの選出には教師の考えも反映させる　—71

第4章 夏休み
ちょっと一休みしたいところだけれども……
～生徒とのつながりと1学期からの流れを切らさない工夫を～

1. オープンハイスクール（高校への体験入学）の引率で笑顔で声をかける —75
2. 暑中見舞いを送る —76
3. 2学期の行事に向けてリーダーとつながる，リーダーを育てる —77
   1. 学年が一丸となって活動を進める —77
   2. 活動の枠組みをはっきりと示す —79
   3. 活動の見通しをもたせる —80
4. 2学期に向けての準備をする —82
   1. 教室環境を整える —82
   2. 係や当番，日直の仕事を確認しておく —83
   3. 最初の学活で語ることを考えておく —84

第5章 9月～10月
行事を通して「憧れられる先輩」になる
～行事の面で中学校生活の総決算をする～

1. 行事を「通して」集団づくりをする —86
   1. 教師が行事の目的を強く意識する —86
   2. 行事の目的を生徒と共有する —87
   3. 練習時間をリーダーに預ける —89
   4. リーダーの生徒とのミーティングを大切にする —90
   5. リーダーの生徒に語らせる —91
   6. 本音を出し合うことが集団の質を高める —92
   7. ピンチはチャンスと心得る —93
2. 生徒が進路選択を意識して過ごす環境をつくる —94
   1. 進路希望調査と個人面談で進路に対する意識を高める —94
   2. 学年委員会の取り組みで家庭学習に対する意識を高める —95

第6章 11月〜12月　受験は団体戦という意識をもつ
〜気持ちを切り替えて学習に向かう〜

- 1　受験に向けての集団づくり　—97
    - 1　行事の直後に切り替える　—97
    - 2　「進路指導は生き方指導」を貫く　—98
    - 3　個人面談で生徒の思いをよく聞く　—102
    - 4　進路を決定するのは生徒と保護者であるということを常に意識する　—103
    - 5　勉強する上での悩みを共有し，アドバイスをおくり合う雰囲気をつくる　—103
    - 6　日々の生活に潤いをもたせる　—106
- 2　生徒会選挙で「先輩の役割」を理解し，実践する　—107

第7章 冬休み　面接練習でつながる
〜個との信頼関係を深める〜

- 1　書類作りを抜けなく行う　—109
- 2　推薦入試に向けた面接練習を行う　—110
    - 1　担任との面接練習の前に　—110
    - 2　担任との面接練習　—111

第8章 1月〜2月　義務教育最後の日々に対する愛惜の念をもたせる
〜二度と戻らない時間を意識させる〜

- 1　愛惜の念をもって生活する　—120
    - 1　カウントダウンカレンダーを作る　—120
    - 2　教師が，愛惜の念を伝え続ける　—122
    - 3　道徳の時間を大切にする　—123
    - 4　予餞会で3年生としての役割を自覚させる　—124
- 2　志望校の決定をするのは，生徒と保護者である　—127

- 1　生徒の進路は生徒と保護者が決めるものと肝に銘じる　―127
- 2　合否の予想はデータに語らせる　―128
- 3　進路指導の原点を忘れない　―129
- 4　生徒が志望校を決めたら，あとは励まし続ける　―129

第9章　3月　涙と笑顔の卒業式と最後の学活
～一人ひとりの生徒にエールを送る～

- 1　感謝の気持ちと愛惜の念をもって卒業式に臨むために　―131
  - 1　教科担当の先生方に感謝の気持ちを表す　―131
  - 2　「人生最後の〇〇」を意識させる　―131
  - 3　中学校生活の中でお世話になった方に手紙を書く　―132
  - 4　保護者への手紙を書く　―132
  - 5　道徳授業で卒業式の意義を考える　―134
- 2　卒業式の練習に真剣に取り組む　―138
  - 1　有限の時間を愛惜する念を学年で共有する　―138
  - 2　教師の気合いを声で示す　―140
- 3　生徒一人ひとりに宛てた手紙を書く　―141
- 4　最後の学活を構想する　―144

第10章　1年間を乗り切るコツ　1年間を生き延びるコツ

- 1　何をするにも報連相で共通理解を図る　―147
- 2　事務仕事も担任の大切な仕事である
  ～確実に伝える，期限を守る～　―149
- 3　ちょっとした仕事は即今着手でいく　―150
- 4　教室環境を整える～「机を定位置に置きます」～　―151
- 5　信念をもって指導する　―153

第11章 学級集団づくりチェックポイント20
~チームに育てるための定期点検リスト~

1 学級集団づくりにも定期点検を —155
2 学級集団づくりチェックリスト —156
3 いつも自分のあり方を見つめながら学級を見る —164

あとがき

涙と笑顔の最後の学活
～全員が「このクラスでよかった」と思いながら笑顔で旅立つ～

> **キーワード** 居心地のいい場所　心のつながり
>
> 義務教育を終え，4月から一人ひとりの生徒が自信をもって自分の道を歩んでいけるように，3年生の1年間をのびのびと自分を出して過ごせる時間にしてやりたいものです。そのために，教師はゴールイメージを明確にもって，集団づくりをしていく必要があります。

一人ひとりの生徒が仲間と自分と未来を肯定する

　私は，自分が担任する学級にいる生徒たちが，次のように思って卒業していってほしいと思っています。

> 人間って，捨てたもんじゃないな。自分も，捨てたもんじゃないな。このクラスで過ごせて，よかったな。この先もがんばっていこう。

　中学3年の1年間はとても濃密な1年になります。そんな「濃い」1年間の中で，この先の人生を明るく力強く生きていくための，心の素養を身につけていってもらいたいと思うのです。
　「三つ子の魂百まで」と言います。中学校卒業段階で，人間は信頼できるものだ，仲間と過ごすのは楽しいことだ，そして，この先もがんばろうという思いをもって，生徒一人ひとりがそれぞれの道に旅立っていけるようにすること。それが，教育基本法第2章第5条の2に述べられている「自立的に生きる基礎を培い」「国家および社会の形成者として必要とされる基本的な資質を養う」という義務教育の目的にかなう，中学3年生の卒業時のゴールイメージだと思います。
　では，どんな学級になっていれば，上記のような思いを生徒がもつことに

なるのか。私は、以下の2点がその基準になると思います。

1　どの生徒にとっても教室が居心地のいい場所になっている
2　全生徒が自発的に協力して学級生活を豊かにする活動をしている

上記のことを具体例を挙げて説明します。

3年生の学級のゴールイメージ
～私が担任した学級の3月の様子から～

1　どの生徒にとっても教室が居心地のいい場所になっている

　これは，「教室の生徒が，一斉に声を上げて笑うことができるかどうか」がそのバロメータになります。具体的には，以下のようなエピソードが日常茶飯事として起こるような状態の学級です。

　紹介するのは，県立高校受験を1週間後に控えた3年生の教室（富山県では県立高校が第1希望だという生徒が大多数で，まだ受験を控えている生徒が教室の中に4分の3程度いるという状況です）の，朝学習（このときの勤務校では，朝8時15分から8時30分まで，生徒たちは受験勉強をしていました）の様子です。

　1人の生徒の機転を利かせた受け答えで，学級の生徒全員が笑わされたというエピソードです。

　　今日の朝学習時のことです。生徒は，黙々と試験勉強をし，僕はぶつぶつ言いながら昨日あった国語のテストの採点をしていました。今回の到達と確認テストは，自己採点をすることになっています。しかし，国語の作文に関しては，教師が採点するべきだろうと思い，採点をしていたわけです。今回の作文のお題は，1段落目に「野生の鶴にえさをやるべきか否か」を書き，2段落目には「野生動物と人間との関わり方」

について考えるところを述べるというものでした。採点していると，次のような答えにぶつかりました。
「人間と野生動物は協力し合い支え合って生きていかなければならない」
「むむ？」と考えました。人間が，野生動物が生きやすいように彼らを支えるというのならば話はわかるのですが，野生動物に人間が支えられる？　どういうこと？　と思い，目の前に座っているSさんに「ねえ，Sさん，『人間と野生動物が支え合う』って，どういうことやと思う？　鶴を例に説明してみてよ」と聞いてみました。するとSさんは，「え〜，とりあえず，そこ（僕の隣を指さして）に鶴がおって…」「ええー，教室に鶴がおるんか？」「はい」この辺りからは，教室中の生徒がこの会話に耳を傾けています。「そうなのかー。でもさ，例えば，僕が鶴にえさをやるというように，僕が鶴を支えるというのはイメージできるんだけど，僕が鶴に支えてもらうって，どういう状況なん？　Kさんはどう思う？」と，Sさんの隣のKさんに聞いてみました。教室のみんなはKさんがどんなことを言うのか固唾をのんで待ったのですが，このときのKさんの答えが振るってましたね。「そりゃあ，機(はた)を織るんじゃないスか？」これには教室中が笑わされました。なるほどね。一本とられました。
　　　　　　　　　（2012年2月29日付・学級通信『純魂』第135号より）

　一読，何気ないエピソードに見えるかもしれません。しかし，このエピソードが成立するには，次のような条件がそろっていないといけません。
① 学級の生徒全員が朝学習に静かに落ち着いて取り組んでおり，一人ひとりが自分のやるべきことにきちんと取り組んでいる。
② 教師が遠慮せずに生徒に声をかけることができる関係性がある。
③ 教師と生徒の会話を，みんなで楽しもうという姿勢がある。
④ 機転を利かせた答えを，みんなが聞いている中でも遠慮せずに発言できる生徒同士の関係性がある。
⑤ 他の生徒の目を気にせず，面白いと思えば笑うことができる生徒同士の

関係性がある。

　つまりは，学級にいる生徒全員が安心した状態でそれぞれの席に座っており，だからこそ，みんなで笑うことができるのです。

　また，こういう些細なエピソード一つ一つの積み重ねが，「人間っていいな，仲間と過ごすっていいな」という思いを生徒がもつことになる理由になっていきます。

2　全生徒が自発的に協力して学級生活を豊かにする活動をしている

　これは，学校で決まっているから，あるいは教師に言われたからやるというのではなく，純粋に，自分の所属する学級のために何かしたいという思いで活動している生徒がいるかどうかが基準になります。

　1と同じ学級の，受験直後（その学校では，県立高校受験2日目の午後に全生徒が学校に帰ってきて，卒業式の練習をすることになっていました）と，最後の学活の様子を読んで下さい。

　先週の金曜日，受験を終えて学校に帰ってきた生徒を，残留して環境整備をしてくれていた生徒（私立高校に進学を決めた生徒と，県立高校を推薦で合格した生徒：筆者注）が出迎えていましたが，その様子には実にほほえましいものがありました。1人教室に帰ってくるたびに，「あー，○○〜」「おかえりー！」「お疲れー！」などなど，温かい声がかけられていました。教室の黒板にも大きく，「お疲れ！」と書かれていました。また，学級文集の製本を隣の空き教室で行っていたのですが，帰ってきた生徒が自然に作業に加わって，「わー，すごい！　きれい！」「こんなにいい文集を作ってくれとったんだー」と，これまた自然に感謝の言葉が出てくるのでした。受験が終わったという開放感と，仲間と話ができることの嬉しさと楽しさ，そういう気持ちが混じり合った，明るくて和やかで温かい雰囲気が3階廊下に満ちていました。

　　　　　　　　　学級通信『純魂』第144号（2012年3月12日）より

> 　教室に行くと，なんと，机が教室の隅に寄せられており，生徒たちは黒板の前に並んで，僕が教室に入った瞬間から GReeeeN の『遥か』（映画『ROOKIES −卒業−』の主題歌）を歌い始めたではないですか（しかも，ピアノ伴奏付きで）！　おお！　嬉しいんだけど，予定が……。どうしよう……と考える間もなく，教室中央のイスに座るように言われ，生徒たちが歌うのを聞かせてもらいました。聞きながら，「このために，みんなで練習したんだろうなあ，可愛い奴らだなあ」と思うと，この後の学活のことなど考えずにちゃんと聞いてやらなくちゃなと思い，「ま，何とかなるだろ」と開き直って，生徒たちの歌に耳を傾けました。
> 　さて，歌が終わって，みんなを代表してＳさんから感謝の言葉をいただき，みんなの名札を「36Ｈスキ」という文字になるように縫い込んだＴシャツと花束をもらいました。
>
> 　　　　　　　　　　学級通信『純魂』第145号（2012年3月27日）より

　ここでは，以下のような条件がそろっています。
① 　放課後，自分の時間を使ってでも学級文集を作るために，あるいは最後の学級で歌う歌の練習をするために集まるという，学級と仲間に対する愛情がある。
② 　受験前の学級の時間に，学級文集の原稿をみんなで楽しんで書くことができる学級の雰囲気がある。
③ 　最後の学活で担任を喜ばせるサプライズを考える生徒がおり，それをみんなで楽しもうとする学級の雰囲気がある。
④ 　受験を終えた仲間に温かい言葉をかける仲間を大切に思う気持ちがある。
⑤ 　学級文集を作りながら待っている仲間をありがたく思う気持ちがある。
　学級文集に関しては，教師のほうから過去に自分がもった学級で作った文集を生徒に示して，生徒に「作りたい？」と問い，生徒が「作りたい！」と言ったから作り始めたものです。文集の企画委員会を自分たちで立ち上げ，文集作りの計画，運営，実行は，すべて生徒が行いました。私は，生徒から

上がってくる必要なものを準備し，原稿を印刷してあげただけでした。

　また，最後の学活に関しては，私に知られないように，リーダーの生徒が中心となって放課後に全員が集まって，こっそりと練習をしたり，準備をしたりしていたようです。

　こういうことをすべて，教師に言われるのではなく，クラスの生徒みんながぜひそうしたいという思いをもって行うことのできる，そういう温かさのある生徒，学級集団になっていることが，私が考える中学校3年生の3月のゴールイメージです。

ゴールイメージに至るための学級集団づくり

私は，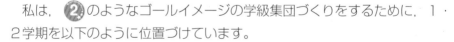のようなゴールイメージの学級集団づくりをするために，1・2学期を以下のように位置づけています。

> 1　1学期は日常生活がきちんと機能する安心感のある集団づくりをする
> 2　2学期は行事を通して団結力を高め生徒同士の心がつながる集団づくりをする

1　1学期は日常生活がきちんと機能する集団づくりをする

　日常生活が機能する集団づくりとは，具体的に書くと，係や給食当番，清掃活動などがきちんと行われ，学級生活が滞りなく回っていくとともに，生徒一人ひとりが安心して学級にいることのできる，そして授業を受けることのできる，そんな集団づくりのことです。

　規律正しい集団にしつけていくと言い換えてもいいでしょう。そのためには，抜けのない学級の生活システムを教師がつくり，そのシステムに従って役割を果たす，礼儀正しい集団にしていく必要があります。

　確認しておきたいのは，

> 温かな雰囲気の学級集団づくりをするために，まずは規律正しい集団にしつけていかなければならない

ということです。

　もしかしたら，「温かさ」と「規律正しさ」は反対のものではないかと考える方もいるかもしれません。「きちんと仕事をせよ」「礼儀正しくせよ」とばかり言っていると，何だか堅苦しくて，ギスギスした感じの学級になるの

ではないか，と。

　しかし，そんなことはありません。
　授業を例にとって考えてみます。「挨拶をきちんとします」「発表者が話をしているときは，他の人は黙って話を聞きなさい」「発表はみんなに聞こえる声でしなさい」「姿勢を正して話を聞きます」「余計なものはしまいます」などなど，規律正しい授業になるように，いろんな指導をします。そういう指導は，一見窮屈に思えるし，実際，生徒たちは窮屈だなと感じることもあると思います。しかし，前述したような規律が守られることで，教室に落ち着いた雰囲気が生まれ，一人ひとりの生徒が仲間にしっかりと話を聞いてもらえるという安心感と，仲間に話を伝えなければならないという責任感が出てくるのだと思います。そういう安心感があるから，生き生きと発言できたり思わず吹き出したり，みんなで一緒に笑ったりできるようになるのです。また，みんなに対する責任感があるから，発言をするときばかりでなく，「ここは静かに話を聞かないと仲間に迷惑がかかるな」というような，仲間に対する心配りが自然にできるようになっていくのではないかと思います。
　給食だって同じです。係や当番の活動がきちんとなされていて，平等におかずが配られ，食べ終わっても自分の席できちんと座っている，そんな規律正しさがあるからこそ，全員が落ち着いて，心安らかに食べたり話したりすることができるのだと思います。
　温かい雰囲気の学級には，その土台部分に規律正しさがあるのです。もしかしたら最初は窮屈かもしれない規律正しさを，生徒たちがしっかりと身につけると，身につけた規律の中で安心して楽しく過ごせるようになるのです。規律がなければ，何でもありになりますから，安心して過ごすことができません。そういうところでは，温かい雰囲気が生まれようもないでしょう。
　規律正しくない教室の状態を考えればすぐにわかります。「挨拶をしない」「発表者が話をしているときに，おしゃべりをして話を聞かない」「発表の声がみんなに聞こえない」「姿勢が悪い」「机の上に余計なものが出ている」そんな教室で，みんなが伸び伸びと自分を出して落ち着いて授業を受けること

はできないでしょう。

　私は，机の整頓をするなど，教室環境を毎日整えます。教室環境を整えて，規律正しくあるとはどういうことかを，教室環境を見ることを通して毎日毎日生徒の心にしみ込ませていくことで，規律の中で生き生きと自分を出せる，そんなクラスになってほしいという願いを込めてのことです。

　ただし，規律正しさと言っても，単に「ルールだから守れ」という指導だと，ギスギスしてきます。生徒にも不満がたまります。それは，ルールを守らせることが目的になっているからです。

　そうではなく，「ルールを守ることで，安心して暮らせる，温かい学級になるんだよ」という愛情に裏打ちされた指導を行うのです。そうすれば，生徒たちも納得して規律正しさを身につけてくれるのではないかと思います。

2　2学期は行事を通して団結力を高め生徒同士の心がつながる集団づくりをする

　2学期は，1学期の規律正しい集団づくりに上乗せして，行事を通して集団の団結力を高めるような集団づくりを行います。

　と，簡単に書きましたが，団結力を高めるような集団づくりは山あり谷あり，トラブルやハプニングがつきもので，何の問題もなくすんなりと進んでいくというものではありません。

　むしろ，集団内に起こるトラブルを自分たちで解決することで，集団としてのまとまりがだんだん強くなっていくように思います。つまり，この時期のトラブルは，集団づくりという視点で見た場合，ピンチではなくチャンスなのです。

　例えば，運動会や合唱コンクールなどの行事では，リーダーとフォロワーとの行事に対する温度差から，活動が停滞したり，あるいはリーダーとフォロワーの関係が悪くなったりする時期があります。

　そのようなときには，生徒同士がお互いに思っているところを正直に出し合い，お互いに歩み寄って活動をしていくしかありません。お互いの思いを

出し合う場面では，ぶつかることもあるかもしれません。しかし，ぶつかりながらも，お互いに思っていることを知ることで，お互いに心が動いていくのです。

　このとき，1学期の規律正しい集団づくりがうまくいっていれば，生徒たちが安心して自分を出せるような学級になっていますから，思っていることをぶつけ合うという話し合いもうまくいく可能性が高いでしょう。また，全員が教室を自分の居場所であると思っていれば，その居場所をより居心地よくするために話し合うこともできるでしょう。

　そのうえで，運動会を通して大きな声で応援に取り組むとか，合唱活動の中で歌声を合わせるとか，体を使ってお互いの存在を感じ合いながら行う活動によって，生徒たちの心がつながっていくのです。

　2学期に生徒たちの心がつながった状態ができれば，3学期は，仲間と過ごす残された日々を大切にしていこうという思いをもって過ごすようになります。そうなれば，あとは生徒と一緒に愛惜の念をもって，日々を楽しく過ごしていくだけです。そういう意味で，中学3年生の集団づくりは，2学期までに終わっていると言っていいと思います。

生徒のやる気を共有し，最大限に活かし，伸ばし，育てる
～学年団がチームとなる～

> 🔑キーワード　共通理解　信頼関係　リセット　意図＝糸
>
> 3年生の4月，生徒はやる気に満ちあふれています。そのやる気を，どう活かし，伸ばしていくのかを，学級単位で考えるだけではなく，学年として共通理解を図ったうえで，チーム3学年の一員として学級集団づくりを行っていくことが大切です。

【4月～5月の集団づくりのポイント】

　中学生は，学校行事や部活動の中で，先輩たちの姿に憧れ，先輩たちのようにかっこよくありたいと切に願うようになるものです。だから，3年生の4月には「今年は自分たちの番！　さあやるぞ！」と張り切っている生徒がたくさんいます。

　そこで，入学式，生徒会入会式，部活動紹介，委員会結成，部活動結成から始まる部活動の指導など，3年生が1・2年生を引っ張っていくタイプの行事や活動を，「憧れられる先輩」になるステップと捉えて指導します。

　また，受験を控えた1年ということで，「今年こそは，受験に向けて勉強をがんばるぞ！」「推薦入試に向けて，生活面でもがんばろう！」という思いをもっている生徒もたくさんいます。その一方で，「2年生まではがんばれなかったところもあるし，大丈夫かな？」「どうせ俺は推薦はダメだし」など，不安を抱えている子どももいます。進路を決定するために大切な1年になることを，生徒はわかっているのです。

　そこで，2年生までのことは水に流し，4月から一旦リセットして，仕切り直してがんばろうという話をしてやる必要があります。

　さらに，大切な1年であるからこそ，1年間過ごす学級がどんなメンバーなのか，そして担任の先生がどんな先生なのか，とても気になっています。

　そこで，学級開きから，教師と生徒のつながり，そして生徒同士のつながりが生まれるように，教師が仕掛けていく必要があるのです。

始業式を迎える前に学年内での共通理解を図る

1 学年として指導をそろえる部分をはっきりさせる

　近年,「チーム〇〇(学校名)」という言い方をよく耳にします。生徒の指導に,学年団,あるいは学校全体がチームになって当たろうという考え方です。一人の教師で対応できない事案が増えている昨今,チームとして課題や問題に取り組んでいこうという姿勢は,大切だと思います。

　チームとして動くには,チーム内に一定程度の規律やルールが必要になってきます。みんなが各自の考えでばらばらに動いていては,当然のことながらチームとして機能しないからです。例えば,A先生は茶髪はいかんと指導し,B先生はそんなものは生徒の自由に任せるべしと言ったとしたら,生徒や保護者には学校の指導のスタンスが全くわからず,指導が成り立たないというのは,すぐにわかるでしょう。

　ちょっと極端な例を挙げてみました。しかし,学級集団づくりにおいては上記のA先生とB先生が混在するような事態が起きていることがよくあります。例えば,同じ学年のC先生は,リーダーの決め方は立候補のみによると指導し,D先生は生徒による投票で決めると指導し,E先生は生徒の投票をもとに教師の推薦により決めると指導するというように。

　私は,その指導に先生なりの信念と意図があり,その指導に生徒が納得しているとすれば,C先生,D先生,E先生のいずれの指導も間違ってはいないと思います。

　しかし,実際には,他の学級と違う決め方をすると,「なぜうちの学級はこういう決め方なのか?」「他のクラスの決め方のほうがいい」という不満が出てくることがあります。それは,端的に言って指導力の低い教師,若手の教師,あるいは表面的にその指導法を真似ている教師の教室から出てくる

ことが多いと言っていいでしょう。
　しかも，ここで出てくる不満は，基本的に担任教師がすべて受け止めなければなりません。なぜなら，C先生，D先生，E先生がばらばらの指導をしていた場合，その指導を選択したのは担任の先生であり，生徒に対する説明責任は担任一人で負わなければならないからです。
　説明責任などと書くと大げさに思えるかもしれませんが，生徒たちを本当の意味で大人扱いするのならば，「黙って言うことを聞いておけ」というような強圧的な指導は許されません。どんな意図があって，なぜその方法を採用するほうがよいのか，生徒が納得するように話してやらなければなりません。
　だから，生徒から無用な不満が出ないようにするためにも，学年内の各学級が，ある程度同一歩調で進むことが大切になってきます。特に，学級のリーダーを決める，席替えをする，修学旅行の班を決めるなど，学級の組織づくり・学習環境づくりに関わる事項に関しては，基本的に教師の専権事項とし，学年会でそのやり方を諮った上で，どのクラスも同じやり方で，同じタイミングで行うべきです。
　こう書くと，「そういうことは，各担任の指導方針や各学級のメンバーの個性に鑑みて，学級ごとに違うやり方があっていいはずだ」と反論される方もいるかもしれません。それぞれの学級単位で考えれば，それが理想のように思えます。
　しかし，中学校の学級経営は，学級単体で考えてはいけません。学年を一つのチームだと考えると，大切なところに関しては，学年として共通理解を図り同一歩調をとっていったほうが，長期的に見て学年として安定し，結果，すべての学級が生徒にとって不満の出ない場所になっていくのです。
　少なくとも1学期間くらい，どんなに短くても最初の席替えまでは，同一歩調をとったほうが，生徒から無用な不満が出ず，結果として学年，学級が安定するのではないかと思います。
　ちなみに，次ページは，平成28年度当初の学年会で検討した項目です。

学級運営についての共通理解が必要な事柄

2016/04/04　海見純

1　座席

基本の机の配置の仕方，男女の配置，決め方，席替えの頻度など
【コの字型，ペアで机をくっつける，男女が市松模様になるように，が基本。席替えは，学級役員と担任の合議で行う。ただし，席替えの最終責任者は教師だということを全体に明言し，学級役員に対して文句が出ないようにする。給食当番が一回りしたら席替え】

2　班編制

班員は5or6，班内の男女の人数は（2：3）（3：2）（3：3）のどれか。6班。最初の班替えは，宿泊学習旅行の班と生活班とを重ねることとする。班長は，学級役員（男女の会長，書記，議長）で。

3　係活動

学年としての統一をするか。

4　給食活動・清掃活動

給食活動の交替の頻度は。清掃活動の仕方（具体的な教室掃除の進め方，最初と最後の挨拶の仕方など）はどうなっていたか。
【給食当番は2週間交替。ただし，毎日15分以内に準備ができれば，1週間で交替できる。清掃は，来た者から始める。そろっての挨拶は最後だけ。清掃時，上着を脱がせることを徹底する】

5　日直の仕事・短学活の進め方

統一されていたか。どんなやり方をしていたか。8：10からの時間の使い方は。朝学活（終学活）の進め方は統一するか。健康観察はいつしていたか。学活ノートの集め方は。また，配布の仕方は。
【8：10～8：15に健康観察を済ませる。その間，提出物を提出するように指導する。朝学活，終学活は，早く終わらせることを旨に進める。

学活ノートは、副班長が集め、配布する】
6　授業での約束事
授業の最初の号令は、男子会長が自分の席でかける（起立、気をつけ、礼）。授業の最後の号令は、女子会長が自分の席でかける。
学年として、「これだけはきちんとしよう」という学習規律はあるか。
【次の時間の準備をしてから休み時間に入る】
7　ロッカーの使い方
学生かばんは、ロッカーに収める。机の横に掛けてよいものは。後ろの棚には私物を置かない。サブバッグはどこに置くか。ロッカーに置きっ放しにしてよいものは。
【サブバッグもロッカーに置く。ロッカーに置きっ放しにしてよいものは、昨年同様】
8　登校の時間
8：10には教室に入る。8：15には読書を始める。
9　下足ロッカーについて
10　傘の置き場所について
11　その他

　席替えの頻度ややり方まで歩調を合わせるのは窮屈だと思う向きもあるかもしれません。しかし、席替えの頻度ややり方がばらばらな場合、「あのクラスだけ、どうしてもう席替えをするのか？　うちのクラスも席替えをしてほしい」「どうしてうちのクラスはくじじゃないの？」などなど、他の学級と比較して自分の学級のやり方に不平や不満が出てくることが予想されます。席替えは生徒にとっては関心の高いイベントですから、他クラスと比較して自分のクラスがどうなのかということに生徒は敏感ですし、不満が出てきやすい事柄であると思います。

　「生徒から不満が出てきたら、その都度話し合ってシステムを修正していけばいい」という考えもあるかもしれません。しかし、私は、特に4月や5

月のうちは，席替えや班替え，あるいは学級のリーダー決めなどの重要な事項に関しては，教師が主導権を握って決めていったほうがよいと考えます。

　安心して過ごせる学級をつくるためには，安定したシステムがなくてはなりません。学級生活の根幹に関わるシステム（例えば当番活動や席替えの仕方）を安定させるには，生徒も納得できるようなロジックが必要です。

　例えば，紹介した席替えシステムの頻度の場合，「給食当番が一回りしたとき」となっていますが，生徒には「当番を決めたら，きちんと一回りしないと，当番をやる人とやらない人が出てきて不公平でしょ」と説明し，さらに「給食当番は2週間単位だけど，1週間平均して15分以内で準備できれば1週間で終わるよ。席替えがしたかったら，みんなで協力して，毎日15分以内で準備を終わればいいよ」と，全学級で担任が同じように説明します。このやり方とロジックで，生徒から不満の声が上がったことはありません。

　それは，このシステムが優れているからというわけではありません。それよりも，学年として統一したやり方と説明を学年会で話し合った上で採用しているため，どの担任も同じように説得力のあるロジックでこのシステムについて説明できるからだと思います。

　たとえ不満の声が上がったとしても，担任以外の学年団の教師がそのシステムのよさを同じように生徒に説明することができます。また，同じシステムを採用していますから，ある学級でシステムがうまく機能しなくなっても，学年団の教師同士でなぜその学級のシステムがうまく機能しないのかをアドバイスし合うこともできます。

　これが，学級ごとに違ったシステムを採用した場合，採用したシステムに関する不満はそのまま担任の指導法への不満に直結し，担任教師と生徒との信頼関係を損ねることになりかねません。

　誤解しないでほしいのは，紹介したシステムが一番いいと言っているわけではないということです。採用するシステムは，不備がなく，生徒に説明したときに生徒が納得するだけの合理性とロジックがあればよいのであり，それぞれの学校，学年の実情に合ったシステムを採用すればよいのです。

2 最初の1週間の学活・総合の予定を把握しておく

　さて，本章初めに書いたように，不安と期待の入り混じった状態で進級するのが3年生ですから，生徒に安心感を与えるためにも，まずは担任が始業式からの動きをしっかりと把握しておくことが必要です。

　始業式後，3年生は入学式の準備，学級組織づくり，修学旅行の班編制，修学旅行に向けての学年総会の準備，そして生徒会入会式・部活動紹介の準備と，教科の授業以外の時間が続きます（次ページは私の勤務校の今年度の初期指導計画）。そして，その教科の授業以外の時間は，すべて学級集団づくりにとって重要な時間になってきます。おそらく，どの学校でも次ページのような指導計画が，学年主任か1組の担任の先生から出されると思いますが，それぞれの時間に，学級集団づくりをする上で，何を意図してどのような活動をさせて，どういう声かけをするのか考えておかなくてはいけません。

　例えば，次ページの初期指導計画の6日の5時間目，学活②に「リーダー選出のために」とあり，同日の終学活には「リーダーアンケート」と書いてあります。

　この学年では，学年会で話し合い，「リーダー選出のために」担任が各学級で以下のような語りを入れることにしました。

① 学級のリーダーは，立候補のみによらない。立候補があっても，みんなからの支持がないと，実際の活動に支障をきたすから。よって，リーダーは，みんなからの推薦と立候補希望の状況を見て決めることとする。
② 「みんなからの支持」の「みんな」の中には先生も含まれる。なぜなら，学級の総責任者は先生であり，最終的には先生がこの学級で起こることの責任を負うからである。
③ ただ，基本的に，みんなからの推薦の多い者にリーダーをお願いしようと思う。先生よりも，生徒のみんなのほうが，仲間のよさを知っていると思うから。

平成28年度　第3学年　初期指導計画

	6日(水)	7日(木)	8日(金)	11日(月)	12日(火)	13日(水)	14日(木)
朝学活	旧クラス 書類等配布 清掃指示	清掃場所確認 (仮分担)	清掃 諸注意・服装確認	読書 着替え	テスト勉強	テスト勉強	読書
1限	清掃 (卒業式後の分担)	大清掃	入学式	身体測定 (自己紹介カード)	中教研(国)	中教研(社)	授業
2限	離任式 新クラス発表 新クラス移動	生徒会専門委員 長任命式 合唱練習			中教研(理)	中教研(数)	授業
3限	着任式 始業式	式練習	学活④ 片付け	学活⑤ 学年集会 (1年間の予定 学習・生活・行事)	中教研(英)	学活⑪ 学級目標決め	授業
4限	学活① 学級びらき 宿題等回収 教科書配布 各種提出書類配布	学活③ 学年学級写真撮影 仮の係等決定 会場準備分担		学活⑥ 学年集会 (修学旅行オリ) 給食指導	学活⑧ 作文 「3年生になって」 個人写真撮影	授業	授業
昼食	弁当	弁当	部活は弁当	給食	給食	給食	給食
5限	学活② 下足ロッカー移動 学年集会 リーダー選出のために	式場づくり 前日準備		学活⑦ 学年集会 (進路選択について)	学活⑨ 学級組織作り (生徒会役員、生活班兼修学旅行学習班)	総合① 学年総会の 学級討議	
6限	合唱練習 男子:小→大 女子:ソプラノ(小→大)→アルト(小→大)順に並び体育館へ				学活⑩ 学級組織づくり	総合② 京都班別事 前学習1	
終学活	リーダーアンケート PTA書類等の配布・説明 新しい駐輪場の確認	式の服装の確認→特に女子の白ソックス 色鉛筆	給食当番マスク 学級役員発表 読書用の本持参 身体計測の準備 (半袖・短パン・コンタクト・眼鏡等)	学力調査に向けての学習	授業の準備 学力調査に向けての学習	授業の準備	授業の準備
放課後	部活動	部活動	学年委員会① 部活16:00まで	部活動結成 (2・3年)	学年委員会② 職員会・研修会	学年委員会③	部活動なし
提出物 回収物	宿題 春休みのしおり 雑巾 2枚	PTA役員選出名簿 個票 部活動入部届 自転車登録 緊急連絡カード 健康管理カード 食物アレルギー 健診問診票 運動器検診調査票	PTA役員選出名簿 個票 部活動入部届 自転車登録 緊急連絡カード 健康管理カード 食物アレルギー 健診問診票 運動器検診調査票	自己紹介カード			
配布物	・教科書 ・PTA役員選出名簿 ・個票 ・部活動入部届 ・自転車通学・使用登録 ・食物アレルギー ・結核健診問診票 ・耳鼻咽喉科健診問診票 ・運動器検診保健調査票 ・学活ノート ・緊急連絡カード・個人指導票 ・健康管理カード		自己紹介カード 3年生になって・下書き用紙				
その他	ファイル等は旧クラスで配布、新クラスで回収(クラス、出席番号を記入すること) 名札注文11日(月)まで。	6日(水)・7日(木)の配布物は、8日(水)までに提出する。		作文「3年生になって」の下書き	生徒名簿入力 1・2組は5限学⑨・6限学⑩ 3・3組は5限学⑩・6限学⑨	生徒会入会式15日 準備	15日に生徒会入会式あり

④ 単なる人気投票にしてはいけない。3年生の学級のリーダーは，運動会など，後輩を引っ張っていく存在でなければならない。だから，リーダーにふさわしいと思う仲間を真剣に選ばねばならない。

このように語った上で，終学活での「リーダーアンケート」（次ページ参照）を使って，次のような手順でリーダー選出を行うことにしました。
① このクラスのリーダーにふさわしい人はどんな人かを1人3つ選ぶ。
② 1人ずつ選んだ項目を発表させ，このクラスのリーダーにふさわしい人はどんな人か，ベスト3を確認する。
③ ②で確認した項目に当てはまる人をリーダーとして推薦する。立候補する人は，自分の名前を書くこと。
④ 結果は，先生が集計して，後日みんなに伝えるということを生徒に伝えておく。
⑤ 集計した担任は，基本的に生徒の投票結果に従ってリーダーの組閣案をつくり，学年主任や以前からその学年にいた教師に相談して，学級のリーダーを決める。
⑥ 7日中にリーダーに選出しようと思う生徒にこっそり打診をしておき，全クラス8日の終学活時に発表をする。

活動を把握しておくというのは，このくらいのレベルで取り組むこと，そして語ることを考えて共通理解しておくことを言うのです。

クラスのリーダー選出のために

組　　番　氏名

① クラスのリーダーとして望ましい人柄ベスト3を決めます。次の10項目の中から大切だと思うものを3つ選んでください。

1	積極的である	6	明るくはきはきしている
2	成績がよい	7	責任感がある
3	話が上手	8	思いやりがある
4	行事に燃える	9	意見をまとめるのがうまい
5	自分の考えをもっている	10	規則や約束を守らない人にはっきりと注意できる

個人決定　□　□　□

② クラスのリーダーとしてふさわしいのは誰だと思いますか。このクラスのために一生懸命に活躍してくれる人，クラスの先頭に立ち，声をかけ，ぐいぐい引っ張っていってくれる人，などなど。

そこで，2年生までにリーダーとしてがんばっていた人，「この人がクラスのリーダーとしてふさわしいな」と思う人を，それぞれ以下に書いて下さい。

もちろん，「私がこのクラスを引っ張っていきたい！」という人もいると思います。そういう人は，自分の名前を書いて下さい。

	男子	女子
会長		
書記		
議長		

2 学級開きから教師と生徒との信頼関係をつくり，生徒の安心感を高める

　中学校何年生であろうと，私が学級開きにおいて，また4～5月の学級づくりにおいて大切にしていることは，次の1点に集約されます。

> 生徒が「この先生の言うことを聞いていれば，大丈夫」と思うこと

　言い換えれば，生徒が教師のことを信頼する状況をつくるということです。
　学級開きの時点では，学級のリーダーは教師です。その教師が信頼できる人物であれば，生徒は安心して教室にいることができます。
　また，信頼できる教師が「学級を自治的集団にしよう」「学級をチームにしよう」と言うからこそ，生徒たちは，そして学級は，チームになろうとするのです。
　「信なくば立たず」と言います。教師と生徒の間に信頼関係がなければ，どんな活動を仕組もうが，仕掛けようが，うまくいくはずがありません。
　まずは，生徒に信頼される，あるいは一目置かれる教師になるのです。

1 当たり前のことをほめ，認め，励ますことで安心感を生む

　これは3年生に限ったことではないかもしれませんが，子どものいいところを見つけ，取り出し，認めて励ましていくことが，教室にいる生徒に安心感と信頼感を与えます。
　ポイントは，中学3年生であろうが，当たり前のことを当たり前にやっている姿を認め，励まし続けることに尽きると思います。
　以前，3年生の担任のとき，初日の最後の学活で以下のように話しました。

> 「教科書を持ってきてくれる人？」「配り物を手伝ってくれる人？」とボランティアを頼んだところ，たくさんの人が進んで動いてくれました。

> ありがとう。
>   朝，8時10分には，ほとんどの人がかばんをロッカーに片付け，朝学習できる状態で座っていました。すばらしい。
>   靴箱の使い方が正しい人が，僕が指示していないにもかかわらず10名以上おり，さらに，昨日から今日にかけてその人数が増えていました。マナーを守れる人たち，素敵です。
>   自己紹介のとき，担任の下手な校歌をあきれもせず聞いてくれてありがとう。他の人の自己紹介に，ずっと温かい拍手を送ってくれていた人もいましたね。温かい心をもつ人がたくさんいて，嬉しく思います。

　集団にしろ個人にしろ，いいところがあればほめればよいのですが，「いや，なかなかほめるところがなくて……」という声も聞きます。だからこそ，当たり前のことを認め，励まし続けるのです。
　また，教師が意識的に仕掛けて，ほめたり認めたりする場面をつくるということも大切です。
　実は，上記の「教科書を持ってきてくれる人？」は，私が3年生の担任をもつと，最初の学活時に必ずするお願いです。このお願いをすることで，まずは学級の中の気になる子をほめることができるからです。
　と言うのは，このお願いをすると，新学級の慣れない環境の中で，何となくみんな静かに教室で待っているという雰囲気が苦手なやんちゃ君が，「あ，俺，行ってきます！」と，手を挙げてくれるからです。やんちゃ君にしてみれば，廊下に出て教科書を運びながら一息つけるわけですから，喜んで手伝ってくれるわけです。実は，やんちゃ君が教科書運びを手伝う目的は，緊張感漂う教室を出てリラックスすることなのです。
　しかし，教師としての私は，そのやんちゃ君の行動を善意で解釈し，「みんなのために進んで教科書を運んでくれる立派な人」と意味付け，「みんなのために教科書を運んでくれてありがとう！　立派だね！」と声をかけるわけです。

これは1つの例に過ぎませんが，このように，隙あらばほめる，隙あらば認める，隙がなければこちらでほめたり認めたりする場面をつくり出してでもほめたり認めたりするという意識を常にもつのです。
　生徒を認め，励まし続ける教師の姿勢を示し続けることで，生徒は「ああ，この先生はちゃんと生徒のことを見てくれている」という安心感をもち，その安心感をよりどころとして，学級内の人間関係がつくられていくのです。

2　2年生までのことはリセットする

　3年生の集団づくりに欠かせない視点が，進路選択です。多くの生徒にとっては，受験と言い換えてもいいかもしれません。
　進路選択や受験は，最終的に個人の力で立ち向かっていくべきハードルです。しかし，多くの子どもがそのハードルを前に不安や心配を抱えており，学級として，学年として，仲間同士が励まし合い，前向きな雰囲気で進路選択に向かっていけるようにしてやらねばなりません。そういう意味において「受験は団体戦」なのです。
　生徒の中には，2年生までに失敗を繰り返し，「どうせ自分はダメなんだ」「もう学校推薦なんてもらえないし」などと，受験に向かう勇気をくじかれた状態の子どももいます。
　そういう生徒のためにも，また，3年生になって気持ちも新たにがんばろうとしている生徒のためにも，「お互いに，昨年度までのことはひとまず忘れて，今ここから心機一転，がんばろうじゃないか！　今からでもがんばれば道は開けるよ！」という励ましの言葉を贈っておきたいものです。
　そこで，学級開きから早い段階で，次のような語りを入れるのです。

　僕は，みんなにどうしても言っておかないとと思っていることがあります。それは何かと言うと，「2年生までのことは，水に流そう，リセットしよう」ということです。僕は，今年○○中学校に変わってきて，初めて君たちと出会いました。君たちのことは，何も知りません。もち

ろん，昨年度までの君たち一人ひとりの様子を他の先生から聞いてはいるのですが，そんなことはどうでもよくて，僕にとっては，今ここにいるみんなの姿がすべてなのです。みんなだって，今ここにいる海見という人物だけを見てくれているじゃないですか。

　昨年まで，失敗をしてきた人もいるでしょう。僕も，いくつか失敗をしてきました。でも，そんな人も，今はやる気に満ちあふれているのではありませんか？　それでいいじゃないですか！　もしかしたら，「昨年までやってなかったことを今，突然始めたら，周りから変な目で見られるかも」なんて思っている人がいるかもしれないけれども，昨年度のことなんて，どうでもいいんです。今がんばろうという気持ちを大切にしようよ。そして，がんばろうとしている人をバカにするようなことはやめようよ。みんなで励まし合っていこうよ。昨年までがんばっていた人は，そのがんばりを続けよう。昨年までがんばれなかった人は，ここからがんばろう。そして，みんなで向上的に変容をしていこうよ。

　僕は，がんばる人を，どれだけでも応援します。

　この年は，たまたま転勤1年目でしたからこういう話し方になっていますが，こういう話は，全学級で話すべきだと思います。

　だから，もし，もち上がりの学年であるという場合は，学年のスタッフの中でもち上がっていない者が代表して，学年集会の中で話してやるというのもいいと思います。実際，私が飛び込みで入った学年では，学年主任にお願いして，学年集会で話をさせてもらったこともあります。

　当然，心配な生徒には，担任として個人的に同じ内容のことを話してやります。

　その際には，事前に学年会の中で，本当に2年生までのことはリセットするのだということ，だから，どの先生も2年生までの失敗（万引きをした，いじめをしたという反社会的な行為に関しては特に）については触れないようにしようという共通理解をしておく必要があります。

そして,「2年生までの失敗には触れない」と明言したら,そのことを実行することがとても大切です。有言実行の真摯な態度が,教師と生徒の信頼関係をつくる大きな力になっていきます。その教師と生徒との信頼関係の上にこそ,生徒同士の温かい横のつながりが生まれ,学級集団が育っていくのです。

3 やる気を共有して,集団としての雰囲気を高める

　多くの学校で,学活の時間などを使って,生徒に「3年生になって」という作文を書かせているのではないでしょうか。おそらく,4月の初めに生徒が書く作文には,「今年こそがんばるぞ」「昨年まではダメだったけど,4月からはきちんとやろう」「立派な先輩になるぞ」「部活動で全国大会へ行くぞ」「合唱コンクールで最優秀賞をとるぞ」などなど,前向きで,やる気に満ちあふれた内容が書かれているだろうと思います。

　その作文を,担任が読んで,赤ペンで激励のコメントを書くということはどこでも取り組んでいることだと思います。また,その作文を廊下に掲示し,授業参観などで保護者の方に読んでいただくという取り組みもよく行われていると思います。

　しかし,担任や保護者の方だけがその作文を読んで,「ああ,この子,今年こそはという思いでがんばろうと思っているんだ」と思っているのは,いかにももったいないように思います。

　そこで,生徒たちが書いた作文をお互いに読み合うという活動を行います。その際,自分が書いた作文を他人に読まれることに抵抗感を感じる生徒もいますから,次のように教師が語ります。

　　今日は,先生がとても感動した読み物があるんだ。それを,みんなで読んでいこうと思います。その感動した読み物というのは,みんなが書いた「3年生になって」という作文です。僕は,本当に感動しました。何に感動したかと言うと,みんなの「がんばるぞ」という気持ち,「い

いクラスにするぞ」という気持ち,「立派な3年生になるぞ」という気持ちに対してです。
　実は,最初は,何人かの作文を紹介しようと思って,いい作文に付箋を貼りながら読んでいたのですが,気がついたら全部の作文に付箋を貼っていました。そこで,いっそのこと,みんなでこの作文を読み合えばいいと思ったのです。
　もしかしたら,「人に読まれるのはちょっと恥ずかしい」と思う人もいるかもしれません。でも,大丈夫です。恥ずかしいことを書いている人なんて,一人もいない。僕が保証します。もし,みんなが書いたことを,みんなで,クラスとして達成できれば,それはすばらしいクラスになるし,すばらしい人間に成長できるよ!

生徒は,仲間たちの声にとても大きな影響を受けます。

3 リーダー生徒に集団づくりの視点をもたせる
～席替えの班長会議から～

　3年生での席替えでもっとも考えなければならないのは、すべての生徒が安心して学習に参加できる、あるいは、どの生徒も学習内容を理解することができるという席順をつくり上げることです。

　すべての生徒が安心して学習に参加できるようにするためには、生徒同士の人間関係にも配慮しなければなりません。学級集団づくりにおいては授業中、生徒同士が日常的に関わり合うことがとても大切になってくるからです。

　しかも、自分が担任する教科、道徳、学活、総合的学習の時間以外は担任の目が届きません。つまり、担任の目が届かないところでも、ペアで話し合ったり、4人班で話し合ったりすることができるような席順を組む必要があるのです。

　だから、私は、席順をくじで決めるとか、生徒の希望のみによって決めるといったことはしません。必ず、すべてのペア、4人班、生活班の学習が成立するかどうか、教師の目でチェックを入れた上で席順を決めることにしています。

　そういうわけで、私は、生徒の学力と人間関係に配慮した席順を、担任の私の責任において組むことにしています。

　しかし、席順を担任である私がすべて一人で考えて生徒たちに示すということはしません。必ず、生徒たちと相談した上で、最終的に担任である私の責任で席順を発表するという形をとります。

　なぜなら、生徒の人間関係に配慮しつつ、ペアや4人班になったときに安心して活動ができる席順を組むには、生徒との相談が必要不可欠だからです。学力に関しては、教師が持っている資料で確かめれば大丈夫でしょうが、人間関係となると、教師の目だけでは見えていないところが必ずあるからです。生徒たちしか知らない情報が必ずあるものです。

1 席替えは担任の専権事項であることを知らせる

　そこで、私は、4月の最初の席替え前に、学級の生徒に以下のことを宣言します。たいがい、「先生、席替えはどうやってやるんですか？」という質問をする生徒がいますから、その質問に答えて全員に話を聞かせるといった形になります。もちろん、質問が出なくても、必ず全員に対して話をしておきます。

> ① 3年生の座席決めで一番大切なことは、「学習ができる」ということである（ここは、生徒と問答をしながら語る）。3年生は、受験を控えていることもあり、学習に落ち着いて取り組めることを最優先に考えるべきである。
> ② 海見学級では、席順は海見が決める。なぜかと言うと、この学級の責任者は、担任である海見であり、座席決めによって起こることに責任をもつのも海見であるからだ。
> ③ みんなが落ち着いて学習するためには、学級の中の人間関係について考慮しなければならないが、そのことについては、海見のほうで見えていないこともあると思う。そこで、学級3役（男女会長、男女書記、男女議長。以下、3役）に助言をもらった上で席順を決めることとする。

2 班長と担任で席順を検討する

　実は、上のように書きながら、私の学級ではほぼ3役が席順を考えていました。と言うのも、私が考えるよりも、3役が考えたほうが、いい席順になるからです。

　この、3役が席順を考える過程で、3役と担任が学級の雰囲気や人間関係、いいところや心配なところを情報として共有することが、学級集団づくりにおいてとても大切であると思います。

席替えの1週間ほど前に，席替えの予告を学級全体にした上で，放課後，3役から席替えについての意見を聞きたいということを伝えます。
　放課後，担任と3役だけが集まれる部屋（教室でもいいのですが，教室以外の別室のほうがいいように思います）を確保し，3役にまずは話をします。この，最初の話がとても大切です。

①　席替えに関しては，最終的には海見が席順を決めるが，3役の意見を聞きたいということ。
②　「意見を聞きたい」と言ったが，実質的には3役が決めていくことになること。
③　ただし，次のような条件を満たすような席にしてほしいこと。
　ⅰ　ペア・4人班で学習が成り立つようにすること。
　ⅱ　心配な生徒のペアには，3役がなるか，心配な生徒が安心できる生徒がなるかすること。
　ⅲ　3役が自分の好きな者とペアを組むことがないようにすること。
④　海見から心配な生徒や心配していることを班長に伝えるとともに，3役からも気になることや心配なことを挙げること。
⑤　この場では，海見は3役にしかできない話をざっくばらんにする代わりに，3役のほうもざっくばらんに学級の状態や人間関係について教えてほしいこと。
⑥　この場で話すことは，口外無用であること。また，「席替え，どうなったの？」と聞かれても，詳しいことは絶対に言わないこと。「最後は海見先生が決めるから，どうなるかわからない」と答えること。

　「ざっくばらんに」と書きましたが，この3役を集めての会議は，かなり柔らかい雰囲気のもとで進んでいきます。何しろ，3役は，学級の中では言えない学級の諸問題や悩みを，すべておおっぴらに話すことができ，しかも，クラスを引っ張っていく中心になるメンバー同士で諸問題や悩みを共有することができるのですから，安心してとても楽しい雰囲気で話が進んでいきま

す。
　例えば，その場では，「○○ちゃんと△△ちゃんは最近けんかしとるよ」「××さんは□□ちゃんにフラれたらしいから席を離さないと」「え？　そうだったん？　知らなかった！」というような雰囲気で話が進んでいきます。
　もちろん，上記したような軽い話題だけではなく，3役から見て心配に思っている生徒がいないかを聞いてやります。3年生ですから，2年生までの学年の心配な生徒の情報は生徒間でもシェアされており，教師が心配に思っている生徒の名前はたいがいこの時点で挙がってきます。生徒から挙がってこなければ，教師のほうから心配な生徒を正直に話をします。そして，教師としてはその生徒のことを心配しており，その子が何とか学級に収まって過ごしていけるように配慮したい，そのために3役に協力をお願いしたいということを伝えます。
　このように，教師が正直に学級内の心配なところを3役＝リーダー生徒に話すことで，教師とリーダー生徒が同じようなまなざしで学級を見るようになります。このことがとても大切だと思います。
　席替えの話し合いを通して，担任がリーダー生徒とともに学級運営をしていくことができる素地を築いていくのです。また，学級の雰囲気をつくり，学級を運営していくのは教師だけではないのだということを，生徒に暗に伝えていくのです。
　このような，学級運営に関わる視点をリーダー生徒がもつようになることが，生徒による学級集団づくりの第一歩になるのではないかと思います。

4 全員参加で学級目標をつくる

　学級目標は，生徒たちが思い描くその学級のゴールイメージです。
　ゴールイメージですから，「3月の時点で学級がそうなっていたらいいなという理想像」と言い換えることができるでしょう。
　上記したことを教師が常に念頭に置いて学級経営を進めると，1年間の学級生活を貫くよりどころ・柱として学級目標が機能し，生徒の中に自治的な雰囲気が生まれてくると考えます。
　学級目標がその学級のゴールイメージであるとすれば，教師も含めて，その学級に所属するメンバー全員で考えることが大切になってきます。学級の生徒全員の願いが込められた目標でないと，全員で達成しようという意欲が高まらないことが予想されるからです。
　だから，私の学級では，ワークシートを準備して，まず一人ひとりの生徒が学級目標に入れたい言葉（単語）を書き出します。それを班で出し合い，全体に発表し，学級の仲間がどんな願いをもっているかを全員で確認します。
　もちろん，出てきたすべての単語をつなげて学級目標をつくるわけではありません。その中から，多くの仲間が学級目標に入れたらいいと考える言葉をいくつか選んで，その言葉をつなげて文にするなりします。選ぶ際には，なるべく多くの仲間の願いを含み込むような言葉を選ぶように声をかけます。
　なお，学級目標は，常に生徒がよりどころとするものですから，私は生徒に覚えてしまうように指導します。そのためにも，学級目標はなるべく短くシンプルなものになるように指導します。
　そして何よりも大切なのは，学級目標をつくりっぱなしにしないということです。ことあるごとに，学級目標に照らして活動の評価をしていくのです。
　そうすることで，学級集団が，学級目標を意識して学級内での生活をし，また行事に取り組んでいくことになります。

学校の管理下の自治的活動であることを教師も生徒も理解する

❸の席替えの議論にも通じることなのですが、集団づくりをする上で、教師と生徒がどうしても理解しておかなければならないことがあります。

それは、

学校で目指すのは自治的活動であり、自治活動ではない

ということです。あくまでも自治的活動であって、生徒だけの手による自治そのものではないのです。

と言うのは、学校の中で行われるすべての教育活動は学校という枠組みの中で行われるものであり、「生徒の自治活動」と言っても、すべて生徒の自由になるわけではなく、この枠組みの中でという制限が必ず付くからです。当たり前のことかもしれませんが、「生徒が自由に決める」と言っても、「学校が決めた枠組みの範囲内において」という目に見えない前書きが、たとえ書いてなくとも必ずあるのです。

そう考えると、生徒が自治的活動を行う場合に、教師サイドで考えておかなければならないことが出てきます。それは、

どこまで生徒に決定権を委ねるのか

ということです。

本当の自治活動であれば、すべての決定権を生徒に委ねることになるでしょう。そうしないと、「自ら治める」ことにならないからです。

ところで、自治というのは、責任を伴うものです。自分たちで決めたことを自分たちで守り、そして、自分たちの活動によって得られる利益も不利益も、すべて自分たちで引き受けるという責任です。だから、生徒に自治活動をする権限を認めるとすれば、生徒たちが決めたからには、その結果につい

て責任を負うのは生徒たちであるということになります。

　しかし，実際の教室において起こることに責任をもつのは，教師です。だから，教師の責任において，生徒が何をどこまで決めることができるのか，はっきり示してやる必要があります。「これこれに関しては，学校サイドでこれこれというように決めたので，話し合う余地なし」という部分をはっきりと生徒に示す必要があるということです。

　例えば，修学旅行の持ち物として，スマホを持っていきたいという意見が生徒から上がってきたとしましょう。これを，生徒たちの話し合いによって決めるかどうか考えてみます。

　私の学校では，校内にスマホを持ち込むことは，休日の部活動も含めて禁止ということになっています。「学校生活にスマホは不要」ということです。だから，学校・教師サイドとしては当然，修学旅行にもスマホは持っていかないということになります。

　このことに関しては，生徒に決定権を委ねて話し合うことではなく，「修学旅行も学校生活の一環であるから，スマホは持っていかない」というように，教師の側で指導すべき案件であるということになります。

　上記したのはほんの1例ですが，こういう，生徒に決定権を委ねない案件も，学校教育活動として取り組むからには，当然出てくるわけです。

　だから，生徒の取り組みを，「自治活動」ではなく「自治的活動」と言うのです。

　私は，学級のリーダー選出，そして運動会や合唱コンクールなどの行事におけるリーダー選出についても，「自治的活動」であるからには，教師の決めた枠組みの中で行うべきだと思います。

　例えば，「服装違反や遅刻を繰り返す者はリーダーにふさわしくない」という枠組みを教師の側から示した上で，立候補者を募り，また同時に全員からリーダーに推す生徒の推薦をさせるのです。

「憧れられる先輩」をスローガンにする

　中学校では，後輩が「先輩のようになりたい」と先輩に憧れることで成長していきます。逆に，先輩は「今まで憧れだったかっこいい先輩のようにがんばりたい」「先輩を超えるような存在になりたい」という思いを原動力として成長していきます。

　そこで，3年生の1年間を通して，「憧れられる先輩になろう」をスローガンに，諸活動に取り組ませるようにします。

　そのスタートは始業式および入学式なのですが，特に入学式は，新入生を心から歓迎する場であると同時に，新入生に対して3年生の力を見せつける場にしようという意識をもたせます。

　現在私が勤務する学校では，入学式で2・3年生が『大地讃頌』を四部合唱で歌うのですが，始業式の日の練習から「憧れられる先輩」を意識させるような語りを入れていきます。

　今日の合唱の評価をします。3年生は，常に後輩の手本にならなければなりません。そういう責任があるのです。後輩から憧れられる先輩にならなければならないのです。だから，厳しく評価をします。

　もし，みんなが2年生だったとしたら，今日の歌でも70点くらいあげるかもしれません。でも，みんなは3年生ですから，30点から40点程度です。一人ひとり，今日の練習のときの自分の取り組みを思い出してみて下さい。どうですか？　1年生のお手本になっていましたか？

　みんなの歌う姿を見て，後輩が運動会でどれだけがんばるか，卒業式でどれだけ歌ってくれるかが決まってくると思うよ。

　言っておくけれども，君たちが後輩からどういうふうに見られるかは，君たち自身が決めることだ。僕は，君たちに立派な先輩であってほしい

> と思っているし，後輩から憧れられる先輩になってほしいと思っている。でも，みんながやらないと，どうしようもないんですよ。
> 　あなたは，後輩からどんなふうに見られたいのですか？
> 　自分がこうなりたい，こんなふうに見られたいという姿になれるよう，努力していこうよ。明日の練習に期待します。

　次の語りは，入学式前日の合唱練習後のものです。

> 　今日のみんなの態度，合唱，本当にすばらしかった。昨日は，100点中30点か40点なんて失礼なことを言ったけれども，今日は，100点満点で言うと150点でした。だって，△△先生に聞いたら，式練習と合唱練習がこんなにスムーズに進んで早く終わるなんてこと，△△先生が○○中学校に来られてから9年間の間，一度もなかったそうなんです。ということは，君たちは，この9年間で一番いい練習をしたということなんですよ。これは，150点に値するでしょう！
> 　僕は，確信しました。君たちは，すばらしい力をもっている。今日のような態度と歌声を入学式で1年生に見せて聞かせてやれば，絶対に，「憧れられる先輩」になれますよ。本当に，みんな，立派でした‼

　このような語りを，入学式，生徒会入会式，部活動結成，委員会結成など，最上級生として後輩の前に立つ機会ごとに入れることで，「憧れられる先輩」になれるよう，みんなでがんばっていこうという意識を高めていくのです。
　また，このような語りは教師からだけ行うのではなく，学年のリーダー生徒から，全体練習の最初と最後に新2・3年生全員に対してさせるといいでしょう。生徒が語ることで，2・3年生の「自分たち先輩（3年生）が，学校を引っ張っていくんだ」という自覚が高まるとともに，最上級生である3年生が，一体感をもったチームとして意識されるようになります。
　このような場で学級を越えて「チーム最上級生」としての一体感をもつことが，学級をチームにしていく際に，とても大きな力を発揮します。

授業も集団づくりの時間だと心得る

「集団づくり」と言うと、行事や学活など、いわゆる特別活動の時間に行うものだと考えがちかもしれませんが、その認識を変える必要があります。

> 授業も含めて、学校生活すべてを集団づくりの視点で捉える

ことが大切です。

特に、毎日行われる授業を、集団づくりの視点で捉えられるかどうかによって、学級集団づくりには大きな影響があると言えます。

私の担当は国語ですから、週3回ある国語において集団づくりの視点をもって授業するかどうかは、当然、学級集団づくりに大きな影響を与えます。

1 生徒同士が関わる場面をつくる

これは、音読をペアで行ったり4人班で行ったりといった、意見交換を伴わない関わり合い活動です。とにかく、生徒同士が関わる機会を増やすのです。例えば、教科書の課題をペアで声をそろえて読む、作品のタイトルを読んで連想したことをペアで3つ以上挙げる、既習事項をクイズ形式でペアになって出し合う、漢字のミニテストの答え合わせをペアで交換し合って行う、などの活動です。これらの活動は、国語に限らず、どの教科でもできるはずです。また、ペアでの関わりを増やそうという意図をもって授業を行えば、いろんな場面でペア単位の活動を思いつくはずです。

学級集団づくりと言っても、集団を構成するのは一人ひとりの生徒です。一人ひとりの生徒がつながりをもたないような集団づくりなど、考えられないでしょう。そもそも、集団づくりというのは、生徒同士をつなげる活動なのですから。

2 生徒の意見を共有する場面をつくる

　1に書いた活動は，お互いのことを知り合うというよりも，課題を通して生徒同士が声をかけ合ったり，ちょっとしたコミュニケーションをとり合ったりできればいいという活動です。

　しかし，子ども同士がつながっていくには，お互いのことを知り合わないといけません。そこで，道徳の時間を使います。

　私は，道徳の最初の5分から10分ほどの時間を使い，前時に書いた生徒の感想の中から8人から12人分くらいの感想を選んで学級通信にまとめ，それを4人班になって，回し読みをするという活動をしていました。

　そのような活動を入れることで，毎時間仲間の考えを知ることができると同時に，道徳の感想を学級集団として共有することができるので，学級集団の意識が，望ましい方向に向上していくという効果があります。

8 すべての行事を意図＝糸で結び，効果的な集団づくりをする

　3年生は，2年生までに経験してきた行事を中心になってつくり上げていく学年です。6に書いたように，「憧れられる先輩」を目指して，やる気に満ちた生徒が多数います。

　ところで，教師からすれば，学校というのは毎年同じ行事を繰り返している場所です。行事の要項などは前年度のものを上書きして作っているため（そんなことはないとは言わせませんよ），どうしても，年間の中のルーチンワークといった意識になりがちではあります。

　しかし，3年生の生徒たちにとっては，「初めて自分たちが中心・主役となってつくり上げる大舞台・晴れ舞台」です。生徒たちにとっては，1年間に経験する行事すべてが，そういう意識で取り組む行事なのです。

　そんな行事を，教師が「毎年行っているものだから，とりあえず今年もやらせる」というような意識で「こなす行事」にしてはいけません。そうではなく，一つ一つの行事を，集団づくりの大事なステップとして捉え，まずは教師が明確な意図と目的をもって運営に当たることが大切になってきます。一つ一つの行事が，教師が考える集団づくりの意図によって，ゴールイメージに向かって見えない糸で結ばれている，そういうイメージです。

　教師の側に明確な意図と目的があれば，一つ一つの行事を，集団づくりという視点から見たときに，うまく機能しているかどうかはっきりと評価することができます。

　集団づくりのゴールイメージの実現を3学期だと考えた場合，一つ一つの行事を打ち上げ花火的に成功させればいいのではなく，一つ一つの行事の前後で集団がゴールイメージに近づいているかを点検する必要があるのです。

　それでは，私が経験してきた年間の大きな行事を例に，行事に意図をもたせ，その意図を糸のようにつなぐとはどういうことか，説明します。

1　前任校の場合

　前任校は，大きな行事として5月に修学旅行，6月にリレーカーニバル，9月初めに運動会，10月末に合唱コンクールがありました。
　リレーカーニバルというのは，クラス対抗のリレー大会のことです。クラス全員によるリレー，男子全員によるリレー，女子全員によるリレー，選手によるリレーを行いました。
　また，前任校は学年6クラスのところを運動会では4団で競っていたため，クラスを解体して団を編成していました。学級と団が一致していなかったということです。さらに，運動会の中には，各団による応援合戦の時間があり，生徒たちがもっとも力を入れていたのは応援合戦でした。
　そこで，上記の行事の意図を，私は以下のように捉えていました。

① 　修学旅行

　端的に言えば，新しい学級になった生徒たちが，学級内の人間関係をつくっていく行事と位置付けていました。だから，修学旅行での班別学習の班と日常生活における生活班を同じメンバーにし，修学旅行までに班内のメンバーの人間関係ができるようにしていました。「みんなが楽しめる旅行（集団）にしよう」を合い言葉に，修学旅行当日だけではなく，修学旅行に至る日常生活すべてを「みんなが楽しめる」という視点で指導していきます。

② 　リレーカーニバル

　修学旅行までに培ってきた班単位の人間関係を活かし，学級全体の団結力を高めるための行事と位置付けていました。このときに，生徒たちはリレーに勝つことを目標にしていましたが，私は「目標は勝つことかもしれないが，目的はクラスのみんなが全力を出し切ることで団結することだ」と，目標の上位にある目的を話し続けることが大切にしていました。
　勝ち負けにのみ価値を置くと，負けたときに，取り組んできた活動に価値を見出せなくなったり，負ける＝ダメなクラス・仲間と短絡的に考える生徒が出てきて，学級の雰囲気が悪くなるからです。

全力を出し切ることに目標を置くと，「あの子，足は遅いけど，力一杯走ってたから，いいじゃん」「バトンは落としたけど，全力でやった結果だからしょうがないじゃん」という声が自然に出てきます。つまり，「全力を出し切ること」を目標にすると，運動能力の高い低いに関係なく，仲間のいいところを発見できる行事になるのです。これは，運動会や合唱コンクールなど，順位がつく行事に共通する考え方であると思います。
　また，部活動における指導にも，同じことが言えると思います。

③　運動会
　学級単位では活動しないので，3学年として学年の団結力を示し，「憧れられる先輩」になるための行事と位置付けていました。ここでも，生徒たちは自分の団が勝つことを目標に掲げます。しかし，私は「全団の3年生が全力で競技や応援，係の仕事に取り組み，全団が立派な応援を披露して，各団が団結して運動会を成功させることが目的だ」と，勝ち負けの向こうにある行事の目的を話し続けました。
　急いで書き加えておきますが，生徒たちの「勝つ」という目標を「それは違う」と指導しなければいけないということではありません。生徒たちが勝ちたいと思うことは自然なことですし，また，勝ちたいからこそ，がんばれるという側面があります。生徒たちは，目標として勝つということを掲げるのが当然のことだと思います。
　しかし，教師まで一緒になって生徒の目標だけに乗っかってはいけないということです。
　目標とは，目的地に向かう途中にある，目印になる標（しるべ）という意味です。目的は，最終的に目指す的（まと）のことです。だから，目標を達成することで近づいていく的をこそ，教師がしっかりともっていなければならないのです。
　行事が打ち上げ花火的になる（行事自体は成功するのだけれども，行事の前後で学級集団の雰囲気が変わらない）のは，行事を成功させることが目的となってしまっているからです。行事を成功させるのは何のためなのか，その目的をしっかりともっていれば，すべての行事は目的に向かう通過点であ

り，行事の成功は目的ではなくなります。

　こういう考え方を教師がもっているかどうかで，行事が学級集団づくりにもたらす「効き方」が全然違ってきます。

　さて，私が勤務していた学校の場合，①②での学級集団づくりがうまくいっていれば，運動会期間中，学級の中で違う団の生徒同士が対抗心を燃やしつつも，お互いにいい応援をつくろうという声が聞けました。

　目標の先にある目的を，生徒も共有していたのです。

④　合唱コンクール

　学級の団結力を高め，学級集団づくりを仕上げる最後の行事と位置付けていました。ここでも，生徒たちは最優秀賞をとるというような目標を立てます。教師は，そのやる気を認めながらも，「担任としては，この行事を通して学級が一つになって，みんなが『このクラスでよかった』と思えるようになってほしい」と，行事の目的を語ります。

　③での指導が効いていれば，「先輩として後輩にいいところを見せなければならない」という気持ちが強まっているはずです。また，4月から積み重ねてきた①②の指導が効いていれば，練習やリーダー同士でのミーティングを重ねるうちに，学級集団が「賞をとらなければならない」という意識から「みんなで最高の歌をつくり上げられればそれでいいじゃないか」という意識に変わっていきます。

2　現任校の場合

　現任校では，5月に修学旅行，9月に運動会，10月に文化祭があり学年ごとに劇を発表するというようになっています。9月の運動会では，3年生の学級数に合わせて団を結成するので，活動は学級単位になります。文化祭の劇は，学年ごとに1つの劇を発表するので，3学年としての活動になります。

①　修学旅行

　前任校のときと同じく，新しい学級になった生徒たちが，学級内の人間関係をつくっていく行事と位置付けています。（⑴前任校の場合①参照）。

② **運動会**

　学級単位で活動に取り組むため，学級の団結力を高め，学級集団づくりを仕上げる最後の行事と位置付けています。現任校では，ここが行事を通しての学級集団づくりのピークになります。

　目標と目的に関しては，前任校の指導と変わりません。ただし，学級単位で勝敗を競うことになりますから，いろんな団の生徒が混ざった状態の前任校の学級の場合と違って，自分の学級に対して思い切り肩入れして，生徒たちとともに一喜一憂しながら活動に取り組んでいきます。生徒たちと一緒に熱く燃える中で，担任と生徒が信頼関係を高めていくというイメージです。

　それでも，やはり教師としての目的は「団結力を高める」「クラスが一つになる」「全力で取り組む」など，勝つという目標の先に置いておくべきです。

③ **文化祭の劇**

　学級単位では活動しないので，3学年として学年の団結力を示し，「憧れられる先輩」になるための行事と位置付けています。この行事が前任校における運動会の果たす役割を担うわけです。

　①では班の中の人間関係をよくし，②で学級としての団結力を高め，そしてこの行事で学年としての団結力を高めるというわけです。

　学校によって，どんな行事があるのかということ，また，同じ行事があったとしても，その運営の仕方やどの時期にどの行事を行うかという配列のされ方は違っていることと思います。だから，ある行事をどう運営するかというノウハウは，自分の勤務する学校で前年度，あるいはその前にその行事を担当した先生に教えてもらうのが一番よいと思います。

　しかし，行事を集団づくりの過程として行事を捉え，一つ一つの行事に意図をもたせ，それらの意図を集団づくりのゴールイメージに向かって1本の糸として結びつけて考えるということは，どの学校でも行っていく必要があるのではないかと思います。意図＝糸を，学級単位として意識するのではなく，学年として意識していくことが，中学校では大切だと思います。

9 学級通信で担任の愛と誠を示す

　私は，近年，年間100号以上の学級通信を主に保護者に向けて発行してきました。
　それは，「生徒に対する担任としての愛と誠」を保護者に向けて示していくというのが学級通信の役割であると考えていたからです。
　私は学級のこと，私自身のことを，学級通信中にフルオープンで示していました。フルオープンで包み隠さずに書くという姿勢を貫くことで，保護者の信頼を得られるように思ったからです。
　ただ，実は，他にもターゲットにしている読者層があります。
　それは，生徒たちです。私が学級通信に書く内容は基本的に教室で生徒に語り聞かせていることなので，生徒の道徳の感想などを除いては，改めて学級通信を読み聞かせることはほとんどしません。それでも，教室で起こったエピソードを愛惜の念をもって書き綴ることで，教師の，生徒たちへの愛が伝わるのではないかと思います。実際，生徒たちは，ちょっとしたエピソードを記録した学級通信を読むのが大好きなのです。きっと生徒たちは，自分の行いが好意をもって紹介されるのが嬉しいのだと思います。学級通信は，生徒と教師の信頼関係を築くのに一役買うのです。
　さて，学級通信に書くことは多岐にわたりますが，何を書くにしても，結局，私の作る学級通信は，今現在，私が教師として，あるいは人間として到達している地点を如実に示しているのであり，言わば，私自身です。私は，学級通信を通して，自分自身の生き様を保護者と生徒に示しているのです。学級通信即自分，そういう覚悟で毎日の学級通信を書いています。
　以下，私が学級通信を作る際，どんなことを題材にして書いているのかということを具体的に示します。

1 生徒と学級のよいところを紹介する

　私が学級通信に取り上げるのは，基本的に，生徒と学級のよいところです。教師が嬉しく思ったり，面白く思ったりしたことです。そうすることで，保護者は，自分の子どもが温かく，楽しい雰囲気の教室に通っていることを知り，安心するのではないかと思います。

　そのためにも，学級の様子をよく観察しておく必要があります。学級でトラブルがあったときでも，それとは関係ないところできちんと活動している生徒がいるものです。そういう，生徒を見る目を磨いていかなければなりません。

2 教室の日常をそのままネタにする

　「海見さん，よくそんなに書けますね」と言われることがあります。しかし，私に言わせれば，書くネタはどこにでも転がっています。日頃から「何か書くネタはないか？」という意識で生徒や学級を見ていればいいのです。

　例えば，生徒が学活ノート（終学活時に翌日の予定を書き込むノート）のコメント欄に書いてきたことを取り上げます。それこそ，一見何でもないコメントを取り上げるのです。しかし，そのコメントを読んだ教師が「これは保護者や他の生徒にも知らせたい」と思えるかどうか，そこに価値を見出せるかどうか，それが学級通信のネタにできるかどうかの分かれ目になります。

　ある年の４月に私が学級通信に取り上げたネタを，以下に箇条書きにしてみます。

・授業開きの様子（実況中継風に）
・入学式に向けての合唱練習の様子とその感想
・学級のリーダー決めの様子
・座席表と学級内の係分担，所属委員会
・私自身の学級での語り
・修学旅行に向けての班づくりの様子

- 学級目標を決める経緯とその解説
- 黒板への落書きに対する指導の実際
- 修学旅行事前学習の様子
- 自分の休日の過ごし方
- 生徒会入会式の様子
- 最初の道徳授業の様子
- 沖縄平和学習の感想
- 授業参観で行った道徳授業の指導案と実践記録
- 給食当番の仕事ぶりの紹介
- 家庭訪問でのエピソード
- 総合的学習の個人テーマの紹介

特別なネタは，一つもありません。学級の日常を書くのです。

3 教師としての信念・信条をストレートに書く

　私は，学級や生徒の日常を書くときには，ユーモアをもって，大人が楽しめる軽めの随筆になるように心がけて書いています。しかし，自分自身の教師としての信念や信条，哲学を書くときには，生真面目な調子で書くことが多いです。教師としての信念や信条を書くときには，私の担任としての思いが直接的に吐露されるのであり，虚飾を去り，誠実に書くことが一番であると考えています。

　結局，教師自身の信念や信条が説得力をもつかどうかは，その教師に総合的な教師力・人間力があるかどうかにかかっていると思います。借り物の言葉に魂は宿りません。自分自身の言葉でぶれることなく信念や信条を書けるよう，修己に努め自分自身の徳を高める努力をしなければなりません。

第3章 6月〜7月

部活動に打ち込み，2学期の行事に向けて準備をする
〜「憧れられる先輩」を目指す〜

> **キーワード** 憧れられる先輩　団体戦　リーダーの資格
>
> 中学校での部活動生活の集大成を迎え，期末考査に向けて学習に打ち込む6月，2学期の行事に向けての準備に取り組む7月。勝負の時が続きますが，だからこそ一つ一つの取り組みに意味をもたせて，集団づくりのチャンスとしたいものです。

【6月〜7月の集団づくりのポイント】

　6月の前半は，部活動の大会に全力投球させる時期です。

　中学校の部活動生活の集大成として，一人ひとりの生徒が達成感と満足感をもって部活動生活を終えられるように全力でサポートしていかなければいけません。また，先輩として後輩に何を残してやれるのかをよく考えさせ，「憧れられる先輩」として部活動を終えるように声をかけていくことも大切です。

　6月後半，地区大会終了後は，進路を意識させつつ期末考査に向けて学習をがんばらせる時期です。

　どの学校でも，定期考査が高校受験の資料となる調査書の評定に大きな意味をもつはずですから，「この考査が直接進路決定に影響する」ということをはっきりと話してやり，がんばるように励ますのです。この時期には，個別に進路に関する話をしておくべきでしょう。

　このときに，一人ひとりががんばるだけではなく，学級として「団体戦」を戦うという意識で勉強に取り組ませることが大切です。

　7月は，県大会に出場する生徒と部活動を引退した生徒が混在し，しかも期末考査が終わっているため，勉強にもなかなか力の入らない時期です。

　しかし，この時期は，2学期にある行事に向けて準備を始める大切な時期です。リーダーとしてふさわしい生徒の条件を示したり，2学期の行事は「憧れられる先輩」として有終の美を飾ろうと語りかけたりしながら，締まった状態で夏休みを迎えさせたいものです。

部活動を通して学級・学年集団づくりをする

　部活動は，基本的に学級を離れての活動ですから，部活動を通しての学級・学年集団づくりと言われても，ピンとこない方もいるかもしれません。
　確かに，部活動の指導に関しては顧問の先生が行うものですが，部活動に一所懸命に取り組むぞという雰囲気づくりは，学年や学級単位でも十分できます。

1 壮行会を活かす

　部活動の壮行会がある学校は，その機会を活かします。教室で，「部活動の場でも，『憧れられる先輩』となるよう，壮行会では3年生として，みんなで立派な姿を示そう」と話をしてやるのです。各部単位ではなく，3学年という学年集団としてがんばろうという意識をもたせるのです。そして，後輩が先輩をどう見ていたか，好意的な声を生徒にフィードバックするのです。
　例えば，ある年の3年生には，壮行会に参加した1年生が学活ノートに書いた感想を1年生の担任の先生からいただき，それを3年生に紹介したことがありました。そのときのことを記録した学級通信を以下に紹介します。

　昨日の学級通信の壮行会の記事を読んで下さったA先生（1年6組の担任の先生です）から，1年生の生徒の壮行会を終えての感想を書いた学活ノートのコピーをいくつかいただきました。ありがたいことです。
　ということで，1年生のコメントを紹介します。
・初めての壮行会でとてもすごかったです。どの部も気合いが入っていて，先輩方は，すごくかっこよかったです。
・僕は試合に出られないけど，先輩たちが県選出場を成し遂げられるよう，自分にできることをやりたいです。

> ・金曜日の壮行会で先輩方の意気込みを聞いて、がんばろうという気持ちが伝わってきたし、最後まで応援したいなと思いました。
> ・今日の壮行会、とても緊張しました。試合にはあまり出ないと思いますが、ベンチの一員としてがんばりたいです。
>
> 　先輩たちのために、自分にできることを精一杯やろうという気持ちがひしひしと伝わってきます。可愛い後輩たちです。先輩としては、そんな後輩たちの思いまで背負って全力でプレーする姿を、後輩たちの目に焼きつけてやってほしいものだと思います。また、常に「憧れられる先輩」として後輩の前に立てるよう、緊張感をもって行動してほしいものだとも思います。

　このようにして、常に、「3年生として」「先輩として」後輩から見られているという意識を、学級の生徒全員に、あるいは3年生の生徒全体にもたせるわけです。

　なお、学校外のクラブチームでプレーする生徒にも、「学校の部活動と同じように、先輩の姿をじっと見ている後輩がいるはずだ」というように話し、学校の部活動であれ、クラブチームの活動であれ、中学3年生というのがどのように見られているかということを意識させることで、連帯感を生み出すようにします。

2　担任として、部活動の目的を伝える

　勝負事ですから、全員が思うような結果を残せるわけではありません。そこで、勝ち負け以外のところにある、部活動（クラブ活動）の意味を話してやります。

　第2章 ⑧ の行事のところで書いたように、ここでも、生徒たちは勝つということを目標にしていますが、勝ち負け以外のところの部活動の目的は何なのかということを示してやればいいと思います。

　ごくおおざっぱに言えば、「勝ち負けよりも、人間力の向上を」とでも言

えばいいでしょうか。部活動を通して，何を身につけるかということを話してやるのです。

「最後まであきらめないでがんばり抜く力をつける」「仲間と協力して目標達成に向けて努力する力をつける」「相手を思いやって行動する力をつける」「『時を守り，場を清め，礼を正す』を実践する力をつける」などなど，いろんなことが考えられると思います。

上記したような部活動の目的を，学級においてもしっかりと生徒たちに話してやり，それぞれ取り組む競技は違うけれども，目指すところは同じなんだという一体感を，学級，学年の生徒たちにもたせるのです。

3 後輩から見た3年生の素敵な姿をフィードバックする

これは，1につながることですが，部活動の大会後に，後輩が3年生のことをどう見ていたかということをフィードバックすることが，集団づくりにおいて有効なのではないかと思います。

ここでのフィードバックは，もちろん，後輩から見て立派だった3年生の姿です。そういうフィードバックをすることで，後輩から見られているという自覚をもつとともに，身の回りに立派な仲間がいるということに気付き，集団としても立派になっていこうと声をかけるきっかけにもなります。

以下は，私が学年主任をした3年生の学年通信に掲載した文章です。ここに書いたようなことを，生徒たちに語って聞かせるのです。

> 昨日，2年生の国語の授業でのこと。国語に関係ない話をしますと前置きして，「新川地区大会で，先輩から何か学んだことがあるという人は立ちます」と指示を出し，起立した生徒に何を学んだかを聞いていきました。
>
> もっとも僕の印象に残ったのは，次の発表でした。
>
> 明らかに2年生のミスが重なって試合に負けたのに，2年生を責めるようなことは一言も言わずに，黙って一人で涙している先輩の姿に心を

動かされました。
　すべてを自分の責任として引き受けて，2年生のミスは責めない潔さ，何と立派なリーダーであることかと，僕も心動かされました。子曰く「君子は諸を己に求め，小人は諸を人に求む」（「立派な人物というのは，いろんなことを自分の責任として考える。つまらない人物はいろんなことを人のせいにする」）とありますが，本当に立派な姿だと思います。
　この他にも，「**大差で負けていても，あきらめずに相手に向かっていくこと**」「**仲間に対して最後まで声援を続けること**」「**チームの絆**」などなどの発表があったのですが，発表を聞いていて思ったのは，2年生の心に残るのは，先輩の一所懸命な姿，ひたむきな姿，プレーする人も応援する人も一体となって闘う団結力，そんなものなのだなということでした。技術的なことではなく，みんなの姿勢や心に関わることが，2年生に受け継がれていくということです。

　こういうエピソードを紹介することによって，部活動について語りながら，その後の行事においても「憧れられる先輩」になろうという方向に生徒たちの心のベクトルをそろえていくのです。

2 集団づくりという面から考える 学習・進路の指導

　学習や進路の指導は，一人ひとりの生徒に合った個別の指導を行うことが大切なことは言うまでもありません。特に，進路に関しては，最終的には，一人ひとりの適性や希望，成績を参考に，生徒と保護者が相談の上決定していくことであり，全員一律に同じ指導を……というわけにはいきません。
　しかし，「受験は団体戦」と言うように，受験に至るまでどのような環境で学習するかということが，受験の結果に大きな影響を与えます。そこで，この時期から「受験は団体戦」を意識させ，学級が一丸となって学習に取り組み，みんなで受験に向かっていくという雰囲気づくりをしていきます。

1 進路に関する情報を共有しつつ，協力して 受験に向かう雰囲気をつくる

　富山県では，夏休みにオープンハイスクールという高校への体験入学会があります。富山県内のすべての公立高校，私立高校が実施しています。このオープンハイスクールの募集締め切りが6月半ばなので，オープンハイスクールへの参加の呼びかけと説明を全生徒に対して行います。
　このオープンハイスクールの説明で，一人ひとりの生徒が進路について考えようという意識を高めるのです。
　この説明は，学年集会で行います。進路でも行事のリーダーの決め方でも，学年のどの生徒，あるいはどの学級にとっても重要な情報は，学年集会を開いて，1つの口から話すのがよいようです。学級単位で学級担任が話をすると，教師によって話のニュアンスが違っていたり，言い落とすことがあったりして，全生徒に同じように情報が伝わらないことがあるからです。
　また，このときに，推薦入試についての話もしておきます。富山県では，すべての高校の推薦入試において，学校長に認められた生徒でなければ志願

できないことになっています。また，県立高校の推薦受験に志願する条件の中に「人物が優れている」という項目があります。そこで，この項目に関して，以下のように話をします。

> 　推薦入試を志願する生徒の条件の中に，「人物が優れている」という項目があるが，これは，何もあなたが特別に優秀でなければならないということではありません。「当たり前のことが当たり前にできる」というのが，推薦入試における「人物が優れている」という言葉の意味です。推薦入試には，学校として推薦できる人物を選ばなければならないので，会議を開いて，その生徒を学校として推すかどうかを決めます。だから，推薦入試を志願する人は，あらゆる先生方から見て「当たり前のことが当たり前にできる」生徒でなければなりません。と言うのも，あなたの担任は，教室でのあなたのよいところをたくさん知っているので，当然あなたを応援しますが，他の先生から「あの生徒は担任がいないところでは全然掃除していないよ」「日頃，服装がだらしないですね」などと指摘されたら，反論のしようもないからです。いい意味でも悪い意味でも，自分のやっていることが自分に返ってくると自覚して下さい。

　全体に対しては，学年集会で上記のような語りをします。
　上の語りだけでは，一人ひとりが行動に気をつけるようにというだけのことになりますが，この後に，

だから，みんなでお互いに注意し合っていこうね

とつけ加えるのです。学年集会でこのように語ることで，学年の仲間みんなと協力して受験に向かっていこうという空気を醸成できますし，また，学級に帰って担任から改めて語ることで，学級として一丸となって受験に立ち向かっていこうという雰囲気をつくることができます。
　ここに挙げたオープンハイスクールに関する学年集会のような機会を意図的につくり，進路指導の中でも，集団づくりを行っていくのです。

2 個人面談において，教師と生徒との信頼関係を築く

　私が勤務する学校では，期末考査の試験期間が1週間あり，その間部活動が停止になります。そこで，放課後に教育相談（個人面接）を行います。

　この面談のときには2年生の通知表を持っていって，2年生のときの成績をもとにアドバイスをします。例えば，「この教科の関心・意欲・態度のCはなくさないと。ここがBになれば3になるんだから，提出物をきちんと出して，授業もがんばって受けるんだぞ！」「○○高校を受験するんだったら，オール4以上は必要だなあ」というようなことを話すのです。

　この時点ではまだ志望校が決まっていない生徒もいます。そういう生徒には「いざ自分が行きたい高校が出てきたときに，その高校に進学できるだけの学力をつけておかなくちゃいけないね。だから，できる限り期末考査で点数を取っておかないとね」というように話をします。その上で，実際に学習上で困っていることを聞いて，さらに詳しいアドバイスをおくります。

　この教育相談では，どの生徒にも結局最後には「目一杯勉強しなさい。がんばれ！」と言うことになります。おそらく，この時期，学級担任として学級全体に対しても「勉強がんばれ！」と，毎日繰り返し巻き返し語っているはずです。だから，同じことをわざわざ放課後の時間を使って，面談の中で語るのは無駄なことのように思えるかもしれません。

　しかし，同じ言葉でも，集団の中の1人として聞くのと，自分の不安や心配，希望を聞いてもらった上で個人的に語りかけられるのとでは，言葉の重みが違います。一人ひとりの生徒を大切に思っているという担任教師の優しさを生徒が感じればこそ，「勉強しなさい」というお説教を，生徒は素直に聞き入れることができるのではないかと思います。そして，こういう一人ひとりの生徒と共有する時間を多くすることでしか，生徒の担任教師に対する信頼感は高められないのではないかと思います。

　信頼関係は，一朝一夕には成らずです。

　こういう教育相談の時間を，大切にしていきたいものです。

行事に向けての集団づくりを進める

　私の前任校では，9月の上旬に運動会，10月の下旬に合唱コンクールがありました。そこで，7月には運動会のリーダーを決め，合唱コンクールの学級内組織も固めなければいけませんでした。1学期中に，リーダーとなる生徒を選出し，役割分担をしておくということです。

　行事の運営やその成功・不成功は最終的には教師が責任をもつことですから，第2章に挙げた席替えと同じように，教師のほうからリーダーとなる生徒の条件を示し，その上で生徒たちが推薦する生徒を選出するという形をとるのがよいと思います。もちろん，生徒たちにリーダーの条件を考えさせるのもいいでしょう。それでも，教師サイドの考えるリーダーの要素が反映されたものになるように，リーダーとしての最低限の資格は示してやるべきだと考えます。

1　リーダーとしての資格を明確に示す

　そのためには，リーダーの資格を4月の段階から生徒たちに意識させておく必要があります。学年集会で，「リーダーの生徒は，全校生徒の前に立つ人物なのだから，それなりの人物になってもらわなければなりません。最低限，学校生活を当たり前に送ることができるというのが，リーダーになる資格です。当たり前のこととは，遅刻せずに登校する，頭髪服装を整えて学校生活を送っている，忘れ物をしない，授業をしっかりと受けている，当番や係，委員会活動にきちんと取り組んでいる，掃除には真面目に取り組んでいる，というようなことです」などと，はっきりと話しておきます。

　そして，6月になったら「7月には運動会と合唱コンクールのリーダーを決める」という予告をします。

　4月から運動会や合唱コンクールのリーダーになるにふさわしい生徒はど

んな生徒なのかという話は，各学級でちょくちょくしておくのですが，リーダー決め1か月前というタイミングで，もう一度全体で確認します。
　実際には，学年集会で以下のように話をします。

> 　9月には運動会があり，10月には文化祭，合唱コンクールがあります。「なぜそんなに先の話をするのか」と思うかもしれません。でも，7月には，運動会と合唱コンクールのリーダーを決めることになります。リーダーがしっかりしていれば行事は成功するし，リーダーがしっかりしていなければ，失敗します。みんなを引っ張っていくリーダーをきちんと選べるか，それはこの学年のもっている力が反映されます。そこで，今から誰がリーダーにふさわしいか，日頃の仲間の様子をよく観察していかなければなりません。リーダーになりたいという人は，そういうことを意識して行動していかなければなりません。
> 　だから，リーダーを決める1か月前である今，話をするのです。
> 　リーダーに必要な資質は，2つあります。
> 　1つは，当たり前のことを当たり前にやり，我慢ができ，けじめがあるということです。例えば，普段掃除をしない人，服装が乱れている人，そんなちゃらんぽらんな人の指示は誰も聞きません。きちんとした人の指示だからこそ，後輩だって「この先輩の言うことなら聞こう」となるのです。
> 　もう1つの資格は，物事に粘り強く取り組めるということです。運動会のリーダーは夏休み中から2週間，合唱のリーダーは9月から約2か月，毎日がんばらなければなりません。人が休んでいるときに準備をしなければなりません。普段の授業一つがんばれない人に，長期間人よりもがんばれるわけがありません。宿題もまともに出せない人に，団の書類や合唱の掲示物を期限内に提出できるわけがありません。
> 　この中には，「ぜひリーダーをやってみたい」という人が何人もいると思います。いいことです。でも，「やりたいだけの人」にリーダーに

なってもらっては，みんなが迷惑します。リーダーは，「リーダーになる資格のある人」がやるべきなのです。
　今の話を聞いて，「しまった，リーダーになれないかも……」と思った人もいるでしょう。大丈夫です。今日から変わりなさい。まだ間に合います。そのために，今日，わざわざこの話をしたのです。先生は，力のある人，みんなを引っ張っていける人にリーダーになってほしい。そういう人に，リーダーになる資格を満たしてほしい。もっと言うと，誰がリーダーになってもいいようになってほしい。

　このように話し，さらにリーダーの選出の仕方も周知して，リーダーになるための道筋・枠組みを教師側で示してやるのです。
　話の最後にあるように，4月からリーダーの資格を満たしていなかった生徒にも，チャンスはあるんだということを伝え，生徒たちを励ましていくのです。

2　リーダーの選出には教師の考えも反映させる

　7月のリーダー選出の学活の前にも，同じように話をします。
　学年集会で以下のようなプリントを読んだ上で，リーダー推薦用紙を書かせた年もありました。

リーダーとしての資格がある人	リーダーとしての資格がない人
○当たり前のことが当たり前にできる　我慢でき，けじめがある。 ・時間を守って行動できる。 ・頭髪服装が常に整っている。 ・学習の準備がいつもきちんとできている。 ・係や当番，清掃活動に真面目に取り組んでいる。 ・授業に積極的に取り組んでいる。	●当たり前のことができない ・遅刻したり，チャイム着席ができなかったり，時間が守れない。 ・頭髪服装がだらしない。 （髪が長い，シャツ・セーラー服のボタンがはずれている，靴のかかとを踏んでいる，スカート丈が短い，ズボンを下げてはいている，靴下が短いなど）

・自分のことよりもみんなのことを優先して行動できる。 ・やりたいことよりもやらなければいけないことを優先して行動できる。	・忘れ物をすることがよくある。 ・授業に集中できない，人の話が聞けない，授業で寝てしまう。 ・自分のことを第一に考え，やりたいことだけをやる。
○物事に粘り強く取り組むことができる ・テストでは，いつも時間いっぱい問題を解いたり，見直しをしたりしている。 ・授業中に出される課題に対して，1人のときも班で活動するときも，問題を解決しようと前向きに活動している。 ・学校内で，1日きちんとした服装でいることを心がけている。 ・部活の試合では，最後まであきらめずに声を出し続けている。 ・委員会や部活動で，なかなか活動内容が理解できない後輩に，根気よく教えることができる。	●すぐにあきらめてしまい，いろいろな活動を持続できない ・テストですぐに寝てしまったり，だらしない姿勢になってしまったりする。 ・授業中の課題に対して，すぐに「わからない」と言ってあきらめてしまう。 ・シャツが出ていたり，ネクタイがほどけていることに気付かない。 ・部活の試合では，よそ見したり私語したりしてしまい，最後まで仲間の応援をすることができない。 ・委員会や部活動で，なかなか活動内容が理解できない後輩がいるとき，すぐに怒ったりキレたりする。

　最低限，上記の資格を満たした上で，下記のような人がリーダーにふさわしいと言えるでしょう。

　1　やる気を前面に出して，いつでも元気に活動に取り組める人。
　2　大きな声で指示を出し，明るい雰囲気をつくり出せる人。
　3　見通しをもって指導できる人。
　4　困難にぶつかっても最後まであきらめず指導できる人。
　5　体育大会後もリーダーとしての自覚をもって行動できる人。

　このようなプリントを示し，6月に話したことを確認した上で，リーダーになってほしい生徒の推薦をとります。リーダーの数に合わせて，男女決められた人数の生徒を推薦させるのです。このとき，立候補したいという生徒

には，自分の名前を入れておくように指示します。

　どの生徒がどれだけ推薦の票をもらったかは，すぐには発表しません。担任が集計し，学年会を開いて，学年として各学級のリーダーになる生徒を検討します。

　もちろん，このときには，運動会なら各団の顧問が，合唱コンクールなら担任が，どのようなリーダー組織を組閣するつもりか，腹案を話します。そして，お互いにアドバイスを送り合うのです。

　このように，学年会でリーダーの組閣を話し合うことは，とても大切だと思います。担任の目だけでは行き届かないところを指摘してもらったり，あるいは，立候補したけれどもリーダーになれなかった生徒にどのような声かけをするかをアドバイスしてもらったりする中で，学級担任だけではなく，学年のスタッフ全員が，学年教師団としての考えを一つにしていくことができるのです。

第4章 夏休み

ちょっと一休み したいところだけれども……
～生徒とのつながりと1学期からの 流れを切らさない工夫を～

> **キーワード** 生徒とつながる　2学期の準備
> 部活動がなくなり、登校日以外は顔を見ない生徒も出てくる3年生の夏休み。生徒とのつながりを切らさず、また、1学期からの集団づくりの流れを切らさずに2学期を迎えられるよう、意識したいものです。

　夏休みは、生徒が登校してこないので、集団づくりと言われても、何もしようがないだろうと思われる方もいるかもしれません。
　確かに、登校日以外には学級全体で登校する日はないわけですし、集団に対して働きかけるということはできません。
　しかし、集団づくりの前提となるのは教師と生徒、また生徒同士の信頼関係であると考えると、1学期につくった学級集団内でのつながりを切らさない、あるいは保つようにしておくことが、2学期の行事を通しての集団づくりの基礎になると考えられます。
　そこで、機会を捉えて、個々の生徒への声かけをし、また、生徒同士の声かけが行われるように工夫します。

　さて、私が勤務する地域では、9月に運動会、10月に合唱コンクールがあります。
　9月、10月にどんな行事が控えているかによって、夏休みの集団づくりには大きな差が出てくるものと思われますが、その1例として、私の勤務校で行われている実践を紹介します。実践そのものよりも、その考え方を活かしていただければと思います。

1 オープンハイスクール（高校への体験入学）の引率で笑顔で声をかける

　私の勤務する富山県では，7月下旬，つまり夏休みの1週目にオープンハイスクールが集中します。このとき，生徒の出欠の確認をそれぞれの高校の校門辺りで行うのですが，夏休み前半に生徒と直接顔を合わせることのできる大切な機会として捉えます。

　と言っても，何か特別なことをするわけではありません。笑顔で名前を呼んで，一声かけてあげればいいのです。

　もちろん，心配な，あるいは気になる生徒には，「おお，待ってましたよ。半日，がんばってね！」というような励ましの声をかけます。

　この場合，自分の学級以外の生徒もたくさんいるわけですが，「3年生の生徒はみんな可愛い自分の子ども」という意識で接することです。生徒たちは言葉には出さないと思いますが，「学年の先生方は，どの先生も温かいな」という安心感をもつのではないかと思います。実際，集合場所で待っている私や仲間を見つけて，ほっとした表情になる生徒が結構いるものです。

　ここまで何度も繰り返していますが，中学校においては，学級単位だけではなく，学年単位で集団づくりをすることが大切ですから，こういうちょっとした場面でも，「3年生は一つ」という意識を自然に生徒にもたせるようにするのです。

　オープンハイスクールに限らず，夏休み中に顔を見かけた生徒には積極的に声をかけるといいと思います。

暑中見舞いを送る

　「夏休み中でも，私はあなたのことを忘れていませんよ。気にかけていますよ」というメッセージとして，暑中見舞いはもってこいです。
　上記のメッセージを伝えるのに，一人ひとりの電話をかけるという方法もありますが，私はそのようにはしません。と言うのも，自分自身，生徒の家に電話をかけるということが普段あまりなく，しかも，電話をかけるときには提出物を出しなさいとか，学校で問題があって保護者に連絡をするとか，あまりよろしくない用件が多いので，何となく二の足を踏んでしまうというところがあるからです。
　また，この電話は，必ず全員にかけて声を聞かなければならないものだと思うのですが（電話のかかってきた生徒とそうでない生徒がいると，生徒の中に不公平感が生まれるでしょう），どうしても電話がつながらない家庭もあったりします。
　その点，暑中見舞いは，日本の夏の慣習ですから，特に身構えずに気楽に出すことができる上，出しそびれるということがありません。生徒の住所はわかっているのですから，宛名と住所を書けば，必ずすべての生徒の家に届くからです。
　また，暑中見舞いという形にすることで，保護者の目に触れると考えられるため，「夏休み中でも気にかけていますよ」というメッセージを，生徒だけではなく保護者にも伝えることになります。
　「暑中見舞いを生徒分書くのが大変だ」と感じるかもしれませんが，私の場合，「学級通信特別号」として，全員に同じ文面を印刷して送りますから，それほど手間も時間もかかりません。一人ひとりに一筆書くということもしません。普段から発行している「学級通信」ですから，普段していない一人ひとりに向けて一筆書くということはしなくていいと思っているからです。

3　2学期の行事に向けてリーダーとつながる，リーダーを育てる

　最初に書いたように，私の勤務する地域では9月上旬に運動会，10月下旬に合唱コンクールがありますから，夏休みはリーダーとなる生徒を育てる絶好の時間になります。

　リーダーを育てるにあたっても，学校として，あるいは学年として決められている枠組みの中で，生徒たちに自由に活動をさせることが集団づくりをする上で大切であると思います。

　活動をするにあたって意識しなければならないのは，

> 1　学年が一丸となって活動を進めること
> 2　活動の枠組みをはっきりと示すこと
> 3　活動の見通しをもたせること

だと思います。以下に，運動会の準備を例にとって，それぞれについて詳しく述べます。

1　学年が一丸となって活動を進める

　運動会の応援リーダーたちには，お盆明けの週から活動を開始させます。始業式までの約2週間，応援リーダーたちは毎日午後から登校し，応援合戦の準備に取り組むことになります。

　このときに，ある団は活動しているけれども，ある団は活動していないという状況をつくらず，全団一斉に活動をすることが大切だと思います。

　夏休み中だから，どの団がいつ活動するかは自由，担任の先生の都合次第で……というような考え方では，活動自体が盛り上がらないように思います。

　運動会の競技や応援合戦は，団単位の活動であり，団同士が競い合うものであり，生徒たちも目標としては「競技優勝」とか「マスコット賞受賞」と

か「応援優勝」とかいう目標を掲げます。
　しかし，教師にとっては行事の目的は「全校が団結すること」であったり「3年生が全校生徒を引っ張る力をつけること」であったりします。この，教師がもっている目的からすれば，団ごとに活動するのではあるけれども，団を越えて「3年生として自分たちが中心になって立派な運動会をつくり上げよう」という意識をリーダーの生徒にもたせることが必要になってきます。教師の考える行事の目的を，生徒と共有するのです。
　全団が同じ日にそろって活動を開始し，それぞれの団の活動の進捗状況を伝え合いながら活動を進めることで，「3年生がみんなでつくり上げる運動会」であるということを，生徒たちに肌で感じさせるのです。全団のリーダーが集まって活動内容を共有することで，一人ひとりの生徒に，3年生全体のリーダーであるという自覚と一体感をもたせるのです。
　もちろん，自分の担当する団に肩入れすることは大切なことです。自分が赤団になったら，その日から必ず何か赤いものを身につけるとか，赤色のポロシャツしか着なくなるとか，それくらいの演出は必要ですし，自分の属する団を勝たせたいと本気になることも大切です。その本気度が生徒に伝わり，生徒も本気になるからです。また，本気で指導する教師の姿を見て，生徒は教師を信頼するようになるものだからです。
　しかし，自分の団を勝たせることは目的ではなく目標であって，担任としての視点よりも1つ上の視点，例えば生徒会担当とか学年主任とかの視点で考えると，実はどの団が勝ってもよいのです。大切なのは，どの団も団結し，いい応援をつくり上げ，どの団の生徒も「この団でよかった」という満足感，達成感をもち，「憧れられる3年生として運動会を終えることができたぞ」とか「この学校はいい学校だな」という思いをもつことなのです。
　これまで何度も述べてきたように，中学校では学級単位でのみ集団づくりを考えるのではなく，学年単位での集団づくりを大切にしなければならないと思います。どんな場合でも，「憧れられる3年生」になることを学年全体での合い言葉にし，活動に取り組んでいくのです。

2 活動の枠組みをはっきりと示す

行事を通しての集団づくりで大切なことは，

> 活動の最低限の枠組みを示し，その枠組みの中で，生徒が自由に活動を進めるように促すこと

だと思います。

　簡単に言えば，教師が生徒の活動内容にあまり介入しないようにし，課題や問題を生徒自身がクリアしていく環境を与えるのです。運動会で言えば，生徒たちが，自分たちのアイディアをもち寄り，試行錯誤しながら応援をつくり上げていく，そのような過程こそが，集団づくりにおいて大切にしていかなければいけないところだと思います。

　おそらく，どの学校でも応援合戦に関する最低限の枠組みとなる応援規定（応援演技の時間，使ってよい小物，生徒会から各団に支給される予算，応援の審査基準など）は，生徒会担当から出されていると思います。まずは，その応援規定をリーダー生徒に伝えます。これは，担任が話すよりも，全団のリーダー生徒を集めて生徒会担当なりが話したほうがよいでしょう。進路の話でもそうですが，学年の生徒全員（今回の場合はリーダーの生徒）が知らなければならない大切なことに関しては，複数の口で話すよりも，1つの口で話しておいたほうがよいのです。複数の口で話をすると，話す教師によって，微妙なニュアンスの違いが出てきて，生徒を混乱させ，教師に対する信頼感も落としてしまうということがあるからです。

　応援規定は，いわば全団共通の守るべきルールですから，この規定の範囲内での活動であることを生徒にしっかりと理解させます。

　その上で，生徒に自由にアイディアを出させるのですが，生徒が出す新しいアイディアで，応援規定には書いていないものを使おうとする場合など，必ず全団の団長を集めて，その内容を確認します。そうしないと，各団が公平な条件で演技をつくれないということが起きるからです。

以前，ある団が「自分の団は，甲子園の応援のようにトランペットの演奏を入れたい」というアイディアを出したことがありました。その団の応援を盛り上げるためには，面白いアイディアです。しかし，団長が集まってそのアイディアを検討したところ，トランペットを吹ける生徒が他の団にはいないということがわかりました。つまり，トランペットを使うという応援の構成自体，その団にしかできないことだったのです。団長たちは，初めからできない団があるようなことをやるのは不公平だから，トランペットの使用は禁止しようということを話し合って決めました。
　このように，ルールに従って活動を進めるとともに，生徒同士が話し合って，自分たちでルールを決めていく場が保障されていることが大切です。

3　活動の見通しをもたせる

　もう1つ，大切なことがあります。それは，生徒が何をいつまでに仕上げるのかという見通しをもち，役割分担をして活動を進めることです。
　「段取り8分」という言葉がありますが，行事においては，ゴール，つまりは行事の当日から逆算して，いつまでに何を終わらせておかなければいけないのかという見通しを生徒自身にもたせることがとても大切です。
　私が生徒会担当をしているときには，次ページに示したような指示書を毎日作成し，準備活動の前に団長と打ち合わせをし，さらにリーダー全員が集まる全体会でも指示書に従って話をしました。
　この，運動会当日をゴールとした具体的な活動の見通しを毎日確認することで，生徒たちは自分たちの活動が進んでいるのか遅れているのかを把握し，当日に間に合わせられるように，自分たちで判断して活動内容を考え，実行していくことになるのです。
　また，活動の役割分担をきちんとして，どの生徒も役割をもって何かやるべきことがあるという状態を生徒自身につくらせることも大切です。授業でもそうですが，何をやっていいかわからなかったり，やることがなかったりするときに，生徒たちはだれて遊び始めます。そこで，一人ひとりの生徒に

役割を与えて活動できるように，団長にアドバイスをするのです。

体育大会準備　リーダーへの指示書　3

2011/08/25
生徒会担当

1　今日の動きと，頭に入れておくべきこと
　→　ビデオ視聴が必要であればビデオを見て研究（ビデオや資料は，今日，一旦返却）。
　　①　団席の動きを考える
　　②　応援歌のときの人文字を考える
　　③　リーダーの振り付けを考える
　　④　冊子原稿を作る　→　以下のことを分担すると進み効率がよい
　　　（1）表紙，裏表紙
　　　（2）スローガン，目標，メンバー紹介，持ち物など
　　　（3）規定演技
　　　（4）自由演技
　　　　　ⅰ　全体の流れ
　　　　　ⅱ　人文字の部分
　　　（5）その他
・　今日の活動で，応援内容をほぼ作り上げ，２９日（月）には，冊子を印刷しなければならない。明日までには，原稿の半分は仕上げておく。
　→　できた原稿から顧問の先生に預ける。こちらで印刷をしておきます。
・　各団，応援に使うもの（白虎団しゃもじ，青龍団うちわなど。また，リーダー服と制服以外の服装に関しても）があれば，活動後の体育大会実行委員会の場で確認する。
・　女子団長は，スコートをはくかどうか，他のリーダーに聞いて団としての考えをまとめておく。
・　必要なものがあったり，確認したいことがあったりするときは，団顧問の先生か海見先生に相談する。借りた物は，活動後の反省会前に返すこと。
・　応援内容がだいたい決まってきたら，団の顧問の先生に一度話を聞いてもらう。顧問の先生とは連絡を密にする。
　→　特に，団席の人文字については，必ず顧問の先生に見てもらうこと。

2　12：15に30Sに集合
・　今日の活動の振り返りと，明日の予定を各団女子団長が発表する（具体的に）。
・　担当からの連絡と評価。
・　体育大会実行委員会を行うことを連絡。
　（各団の進行具合，応援に使うものの確認，活動をしている中で出てきた疑問，先生からの連絡）

4 2学期に向けての準備をする

　4月の最初の3日間が「黄金の3日間」と言われ，1学期の学級づくりについて「3・7・30・(90)の法則」が提唱されているように，1学期の学級開きについては，その重要性が十分に認識されているように思います。
　しかし，2学期当初の期間が「白銀の3日間」と言われる大切な時期だということは，中学校の先生方にはあまり認識されていないように思います。恥ずかしながら，私自身，小学校からの異校種間交流で中学校にいらっしゃった先生と話をするまで，「白銀の3日間」という言葉を知りませんでした。
　私自身の見聞の及ぶ範囲でも，中学校の先生方は2学期に向けての準備をおろそかにしているなあと感じるところがあります。先生方自身が，夏休み気分の抜けないまま2学期を迎えてしまっているのです。
　先生方の準備ができていない教室で，生徒たちが気持ちを切り替えて新学期を迎えることはできません。集団づくりをする土台となる基本的な学校生活を送る準備，生徒が安心して学校生活を送ることができるような準備ができていないと，集団づくりも何もあったものではありません。
　そこで，夏休み中に最低限，準備しておかなければならないことを書き出してみます。

1　教室環境を整える

　1学期の最後に大掃除があり，1度すっきりと整えられた教室ではありますが，1か月も掃除をしていなければ埃がたまったりしているものです。また，登校日があった場合には，提出物がその辺に乱雑に置かれていたり，多少机やイスが整頓されていなかったりするかもしれません。
　そこで，4月の最初に生徒を教室に迎えたときのように，教室の掃除をして，机やイスも整理整頓しておくのです。始業式の日に大掃除が設定されて

いる学校も多いでしょうから，そこで教室環境をリセットして2学期に臨むという考え方もあるのかもしれません。しかし，2学期，生徒が登校して初めて見る教室環境が整っているかどうかで，生徒たちの心もちも違ってくるものだと思います。

　整えられた環境のもとでは，生徒たちの気持ちも整えられるものです。

　教室環境を整え，生徒が落ち着いた気持ちで2学期を迎えられるように準備をしましょう。

2　係や当番，日直の仕事を確認しておく

　9月の最初から1学期と同じように1日の学級生活が回っていくように，係や当番の仕事の確認をし，始業式の日の学活で役割分担をできるようにしておかなければなりません。

　そのためには，例えば学習係の生徒が学習内容をメモするためのメモ帳を準備しておかなければならないでしょう。1学期末のバタバタしている中で，ある教科のメモ帳がなくなっているといったこともあります。必要なものがあるか点検しておきます。

　給食当番を初日から回すためには，当番がマスクを持ってこなければいけませんが，そのマスクの準備は生徒に伝わっているでしょうか。登校日に必ず確認しなければならないでしょう。2学期に入ってから給食当番を決めるにしても，始業式から給食のある場合，誰が給食当番になってもいいように，全員にマスクを持ってくるように指示をしておかなければなりません。

　また，日直の日誌やファイルの準備はできているでしょうか。日直の仕事の点検表などを使っていた場合，2学期分の準備をしなければなりません。ファイルが傷んでいれば，新しく準備しておく必要もあるでしょう。

　当たり前の準備ばかり書いているように思いますが，意外と，この当たり前の準備がおろそかになっているせいで，生徒から指摘されて慌ててものを準備することになり，教師自身が落ち着いて新学期をスタートできないということがあるように思います。教師が落ち着いていない状態では，生徒たち

も落ち着いて生活ができないでしょう。
　細々した，ちょっとしたことかもしれませんが，こういうところにも気を配って，落ち着いて２学期をスタートできるようにしておきましょう。

3　最初の学活で語ることを考えておく

　９月を「第２の学級開き」と考えた場合，２学期，学級がどんな状態になっていけばいいと思っているのか，担任として生徒に所信表明をするのが筋というものでしょう。
　長々と話をする必要はありませんが，中学校生活最後の大きな行事（運動会や合唱コンクール，文化祭など）を「憧れられる先輩」として成功させて終えようということ，２学期は調査書のいわゆる内申点が決定する学期であり，学習面でもとても大切な時期にさしかかることなど，愛と誠をもって，真剣に語ってやるべきだと思います。
　１学期の始業式には語ることを入念に考えていたはずです。それと同じように語る内容を考え，準備しておきましょう。

第5章 9月～10月 行事を通して「憧れられる先輩」になる
～行事の面で中学校生活の総決算をする～

> **キーワード** 目標と目的　リーダーに預ける　本音を出し合う
>
> 3年間の中学校生活の総決算とも言うべき行事に燃えるこの時期ですが，「勝つ」という目標に流されて，行事の目的を見失ってはいけません。行事に取り組む目的を生徒と共有し，集団づくりに「効く」行事にしていきましょう。

【9～10月の集団づくりのポイント】

　前章にも書きましたが，9月，夏休み明けは，第2の学級開きと心得ます。

　そこで，まずは学級の係，給食当番，清掃などが1学期のように機能するように，再確認・点検をします。

　9月から10月にかけては，運動会や合唱コンクールといった，集団としてまとまっていくのに絶好の行事があり，1年間の自治的学級集団づくりの山場になる時期です。

　「合唱コンクールは担任にとっての通知票みたいなもんだ」と言う人もいます。なるほど，確かに，合唱コンクールのような行事に限らず，2学期の生徒たちの姿は，4月から積み重ねてきた学級運営の成果がそのまま出るものだと言っていいでしょう。

　とは言え，1学期の学級運営がうまくいかなかったからどうにもならないものでもありません。行事に対する取り組みを通して，教師と生徒との信頼関係，生徒同士のつながりをつくり直したり高めたりできます。いずれにせよ，行事への取り組みは，学級集団づくりにおいて大切な場面なのです。

　そして，3年生にとっては，「憧れられる先輩」になる総仕上げをする時期にもなります。

　また，行事に向かう取り組みと並行して，進路指導も行っていかなければなりません。行事だけに生徒の気持ちが向きがちな時期ですが，この時期からは具体的にどの高校を受験するかを意識させていかなければいけません。

行事を「通して」集団づくりをする

1 教師が行事の目的を強く意識する

　3年生にとっては，2学期に行う行事が自分たちが中心になって運営する中学校生活最後の行事になるわけで，「憧れられる先輩」としての総仕上げをするということになります。

　生徒たちは，表面上どういう態度をとっていようとも，やはり後輩から敬意をもって見られることを望んでいるものです。

　また，生徒たちは，自分の所属する集団がいい集団であると思いたがっています。その生徒の思いを最大限に引き出し，行事が終わった後，「このクラスでよかった」「この学年でよかった」と生徒たちが思えれば，行事が成功したと言えると思います。

　逆に言えば，「運動会で優勝した」「合唱で最優秀賞をとった」という結果によっては，その学級にとっての行事の成功・不成功をはかることはできないということです。

　行事の成功・不成功は，行事が終わった後の学級なり学年なりの雰囲気を見てみないとわからないものです。前章でも書きましたが，生徒たちの「優勝したい」「最優秀賞をとりたい」というのは，あくまでも目標であって，行事の目的は，学級集団や学年集団の団結力を高めたり，絆を強くしたり，自治的な力を高めたりすることにあるからです。

　だから，行事が成功していれば，行事の前後で学級なり学年なりの雰囲気が変わります。集団の雰囲気が，行事後に柔らかく，温かくなるのです。そのような状態を，私は「行事が効いている」と言っていますが，集団をよりよい状態にしていくことこそ，教師が行事を通して目指すところなのではないかと思います。そのために，教師が肝に銘じておくべきことがあります。

> 行事の目的は，勝つことにあらず。
> 行事の成功不成功は，行事当日にはわからない。

　ある高名な先生が「運動会がうまくいったかどうかは，3か月経ってみないとわからない」と言ったそうですが，なるほど，そういうものだと思います。応援合戦がうまくいったとか，合唱がうまく歌えたとか，そういうことももちろん大切なことかもしれませんが，応援を間違いなくやることや歌をうまく歌うことが行事の目的ではないのです。行事の前後で学級の雰囲気が変わらないとすれば，その学級にとっては「行事が効いていない」状態であり，教師も生徒も何か大切なことを見落としているのだと思います。

　とは言え，最初から「負けてもいいや」という気持ちで行事に臨んでもいけません。生徒たちは，本気で勝ちたいと思っています。その生徒の本気に，教師も本気で応えてやるべきです。だから，生徒も教師も一緒になって，気合いを入れて行事に臨むことはとても大切なことです。

　しかし，「集団をよりよい状態にする」という目的を忘れてはいけません。

2　行事の目的を生徒と共有する

　運動会でも合唱コンクールでも，「最後の運動会，絶対にいいものにするぞ！」と思っている生徒もいる半面，「別にどうでもいいや」と思っている生徒もいます。運動会であれば，運動が得意であったり，リーダーとして応援団に入っている生徒はやる気に満ちていて楽しい時間なのでしょうが，そうでない生徒にとっては，つらい時間であったりします。

　しかし，なぜつらい時間になってしまうかというと，「勝つ」ということが目的になってしまうからだと思います。と言うのも，勝つことが目的の場合，例えば足の遅い生徒は団にとってお荷物でしかありません。足の遅い者がいることで，「勝つ」可能性が目減りするからです。また，合唱の場面では，音のとれない生徒は不協和音をもたらす邪魔者でしかありません。音のとれない生徒がいることで「勝つ」（賞をとる）可能性が目減りするからです。

「勝つ」ということを目的にする限り，活動のすべての場面で相対的にできない生徒がつらい思いをすることになるのです。そこで，

> 教師のほうから，「勝つ」ことは目標ではあるけれども，目的は違うということを，はっきりと語ってやる

必要があります。団や学級のみんなが達成感や一体感を味わうことを目的として示してやれば，他と比較して優劣を競うのではなく，「一人ひとりが全力を出し切ること」や「みんなで励まし合ってやり切ること」，その結果として「集団の団結力が高まり，学年なり学級なりがみんなにとってよりよい場所になること」が大切であるということになります。評価の基準が「全力を出しているか」「集団が向上しているか」ということになるのです。

このことを，全体に対して話すのはもちろんですが，特にリーダーの生徒に理解してもらわなければなりません。リーダーの生徒と教師が同じ方向を向くことができれば，その考えが学級の世論になっていくからです。

さて，上のように考えると，足の遅い生徒は遅いなりに自分の精一杯の力を出し切ればいいのだということになり，順位がどうあれ，そのことで肩身の狭い思いをすることはありません。逆に，足が速くても全力で走っていないという生徒に対して，「勝ち負けじゃなくて，力を出し切ることが大事なんだよね。全力で走ろうよ」と声をかけることになるかもしれません。

また，音のとれない生徒も，自分なりに精一杯音をとろうとしていればいいのだということになり，結果として音がとれていなくても，その生徒を責めるということはなくなるでしょう。

この，みんなで全力を出し切るという過程が，勝った負けたという結果以上に集団のまとまりをつくっていくのです。

また，勝ち負けというのは結果に当たることですが，「全力を出し切る」というのは，結果に至る過程になります。だから，「全力を出し切る」ということを目的とした場合には，活動のどの部分を取り上げても評価や指導ができるようになるのです。

3 練習時間をリーダーに預ける

　運動会の応援練習にしろ，合唱コンクールの歌唱練習にしろ，練習時間は生徒が中心になって進めることになります。教師が練習に口を出さずに，生徒自身の力で練習を成立させ進めていく過程こそが，自治的集団づくりの時間になるからです。

　と，簡単に書きましたが，若い頃の私は上記のことができていませんでした。教師である私が団長でありパートリーダーである，そんな練習の進め方をしていました。教師が応援や合唱をつくるものだと思っていたのです。

　そんなやり方をしても，応援や合唱ができあがっていきます。しかし，教師が中心になって練習をしている限り，自治的な集団にはなっていきません。自治的な集団は，自治的な活動を通してこそ形成されていくものです。つまり，生徒に活動を委ね，生徒自身の力で練習を進めたり，問題を解決したりしていかないと，自治的集団づくりができないということです。特別活動は「為すことによって学ぶ」ものだと言われますが，自治的な集団づくりこそ，その最たるものだと思います。

　ただ，生徒に活動を委ねると言っても，教師が何もしないわけではありません。リーダーの生徒は，みんなの前に出て一生懸命に指示を出したり注意をしたり，必死で活動をすることになりますから，練習の様子を客観的に見ることができません。そこで，教師が練習全体を客観的に見て，リーダー生徒に今現在の練習のいいところと改善したほうがいいところを伝えるのです。

　また，活動に乗ってこない生徒に対する個別の声かけも行っていきます。もちろん，そういう生徒にはリーダーの生徒からも声をかけます。しかし，リーダーは集団全体を動かさなければなりませんから，声をかける余裕のない場合もあります。そういうときには，その集団の責任者として，教師が動くのです。

　このように，集団全体に対する指示をリーダー生徒がすべて行うことで，後輩からは「憧れられる先輩」として見られることにもなるのです。

4 リーダーの生徒とのミーティングを大切にする

3に，練習時間をリーダーに預けると書きましたが，そのためには，どう練習するかというミーティングを，リーダーの生徒としっかりと行っておく必要があります。

4章の❸2，3にも書きましたが，リーダーの生徒に対して活動の枠組みを示し，見通しをもたせるのです。その上で，1回1回の練習で，何をどこまでできるようにならなければならないのか，そのためにどんな練習をしていくのか打ち合わせするのです。

例えば，私がリーダーの生徒と運動会の1回目の応援練習の打ち合わせをするときには，1時間なり2時間なりの練習で何をするのか，分刻みで計画を立てるように指示し，リーダーの生徒たちに考えさせます。リーダーの生徒たちは「最初に声出しをして，団歌を歌って，それから……」という具合に考えていくのですが，私は「ん？　団歌を歌う前に，誰がどこに座るのか，団席を決定しないとだめなんじゃない？」「最初に団長から『みんなでがんばろう！』っていう語りがいるでしょ？」「団歌を歌うときに，お手本はどうするの？」「そのときに団長以外のリーダーたちはどこに立っているの？　団席の横や後ろに行って歌うの？」「歌った後の評価や指示は誰がするの？」など，生徒が考える計画の不備や不足を，生徒に問いただしていきます。

こうすることで，リーダーの生徒たちは応援練習のシミュレーションをすることになるのです。

また，一通り計画を立てたら，その計画に従って練習のリハーサルをさせます。実際に，誰がどこに立って，どう動くのかをやってみるのです。実際に動いてみることで，「あれ？　歌詞を書いた模造紙があるんなら，一人ひとりが持っている応援冊子は下に置かせたほうがいいんじゃない？」「誰か，大きな声が出ているかどうか，離れたところで聞く人がいたほうがいいんじゃない？」などなど，生徒の方で気付くことがたくさん出てきます。

このように，リーダーの生徒たちとのミーティングをしっかりと行ってお

くことで，練習時間をリーダー生徒に委ねることができるのです。
　ちなみに，２回目以降の練習前のミーティングでは，１回目の練習で気付いたことを生徒から出させて，教師からも助言を与えます。１回目のミーティングをしっかりと行っておくと，２回目以降のミーティングでは，生徒のほうからいろんな考えが出されるようになります。そこで，ミーティング自体を生徒に預けるようにしていきます。

5　リーダーの生徒に語らせる

　練習の最初と最後に，リーダーの生徒に自分の言葉で語らせることが，集団がまとまっていく上で大きな力を発揮します。
　担任をしている教師なら誰でも，ここぞというときに真剣勝負の語りをするという経験があると思います。その語りの力を，リーダーの生徒が身につけるように仕掛けていくのです。
　方法は簡単で，運動会なら団長，合唱コンクールなら指揮者やパートリーダーに対して，練習の最初と最後に自分の言葉でみんなに対して語るように指示をするのです。
　私の場合，「○○さん，あなたの話を聞いて，１年生が涙を流して『今日の応援練習はがんばるぞ！』と思えるような語りをしてね」「△△さん，あなたの話を聞いて，５人以上感動の涙を流したら合格ね」などと生徒に耳打ちをします。生徒たちは，「えー，無理ですよー」と言いながらも，一生懸命に考えて話すようになります。
　最初は単なる話にしかならないと思います。しかし，何度も繰り返しみんなの前で話すことで，だんだん語れるようになってきます。生徒がいい語りをするようになると，リーダーの生徒の言葉が集団にしみ込むように入っていくようになります。そうなってくると，リーダーの生徒の語りによって，集団が１つの方向を向き始めます。教師の指示ではなく，生徒の言葉で集団が動き始めるのです。
　ぜひ，「語ることのできるリーダー」を育てたいものです。

6 本音を出し合うことが集団の質を高める

　行事の取り組みの中で，本音を出し，お互いを認め合える場面があるかないかは，「行事が効く」かどうかを決める大切な要素のように思います。
　と言うのは，私の経験上，「あまり波風も立たずに活動が進んだなあ」と思う取り組みをした年（そんな年はほとんどないのですが）は，行事が効いていない状態になっていたからです。
　逆に，活動がうまくいかない時期があり，リーダーが泣いて仲間に訴えかけたり，生徒たちが自主的にミーティングをして語り合ったりした年のほうが，勝った負けた，あるいは賞をとったとれなかったにかかわらず，行事後に学級の雰囲気が柔らかくなったように思います。行事が効いた状態になったということです。
　生徒同士が本音を出し合う中で，お互いのことを理解し，わかり合うようになり，集団内の人間関係がより親密なものになっていくのだと思います。
　ただ，本音を出し合うようなミーティングは，生徒たち自身が必要だと考えて自主的に行われないと，いいものにはなりません。
　一度，合唱コンクール前に，私のほうから「みんなの思っていることを出し合おう」とクラスに呼びかけて，1時間学活をしたことがありました。リーダーの生徒にはそういう学活をすることを予告しており，話すこともそれなりに考えてきていたと思います。実際，リーダーの生徒は全員が発表をしましたが，それ以外の生徒からは発表がなく，何となくしらけたムードで学活を終えることになりました。
　このときは，担任である私はミーティングの必要性を感じていましたが，生徒のほうではそれほど必要性を感じていませんでした。だから，うまくいかなかったのだと思います。
　逆に，ある年，私の出張中の放課後の合唱練習で1人の女の子が歌いたくないと言って暴れ，合唱練習どころではなくなったということがありました。翌日，合唱練習どころではないクラスの状態を見て，私はリーダーの生徒た

ちに「放課後ミーティングをしよう」ともちかけました。リーダーの生徒たちも同意して，自分たちだけで話し合いをさせてほしいと申し出てきました。そこで，生徒にミーティングを任せたのですが，その場でお互いに本音を出し合った生徒たちは，次の日からは温かい雰囲気で練習に取り組んでいました[1]。

　生徒が必要感をもって自主的に行うミーティングと，教師に言われてやらされているミーティングでは，その意味合いが全く違ってくるのです。

7　ピンチはチャンスと心得る

　6に書いたように，生徒たちが必要感をもって自主的に行うミーティングは，集団が大きく向上する契機になります。

　とすれば，活動を行っていく中で教師も生徒も「これはピンチだな」と感じるときは，実は集団づくりにおいては大きなチャンスのときでもあるのです。ピンチだと感じるときには，みんなで話し合って何とかしたいという気持ちが強くなり，必要感のあるミーティングをもつことができるからです。

　ただ，このミーティングをもつときに気をつけなければならないことは，1，2に書いた行事の目的を，できれば集団の全員が，少なくともリーダーの生徒全員が意識した状態になっていることです。

　合唱コンクールであれば，賞をとることが目的ではなく，集団の団結力が高まり，学級がみんなにとってよりよい場所になることが目的であるということを意識した上でミーティングをもつことが大切です。

　学級の生徒全員が，少なくともリーダーの生徒全員が，合唱を通して教室をみんなにとってよりよい場所にしたいという思いをもっていれば，話が個人攻撃になることなく，みんなが少しずつ譲歩し合って，折り合いをつけてがんばっていこうという方向に話が進むと思います。個人攻撃をすると，「みんなにとってよりよい場所」にならないからです。

　そう考えると，「ピンチはチャンスと心得る」ためには，本節の1，2の考え方が集団に浸透していることが，とても大切だということになります。

2 生徒が進路選択を意識して過ごす環境をつくる

　2学期の前半，生徒の意識は行事に向いています。

　しかし，進路選択，そして学習に対する意識も常にもてるようにしていかなければなりません。2学期が終われば調査書に記載する評定が出ます。また，富山県においては，2学期中に私立高校の受験校を決めなければなりません。そう考えると，生徒が2学期の初めから常に進路選択に対する意識をもって過ごすことが大切になってきます。

1　進路希望調査と個人面談で進路に対する意識を高める

　2学期が始まったらすぐに，進路希望調査を行います。

　朝学活などの短い時間を使って，今現在の生徒の進学志望校を2校程度，一人ひとりの生徒に書かせるのです。この時点では，志望校が具体的に出てこない生徒がいても構いません。まずは，「進路選択をしていかなければいけない」という意識を生徒にもたせることが重要です。

　そして，この進路希望調査をもとに，すぐに個人面談を始めます。

　この個人面談は，1回の面談に長い時間をかけずに1週間で全員と話をすることを目指して行います。この，「全員と進路についての話をする」ということが重要なのです。この面談を行うことで，一人ひとりに進路選択をしていく時期になったのだということを伝えていくのです。

　この面談では，志望校がはっきりしている生徒には「次の実力テスト，がんばろうね。目標は〇〇点かな。次の面談は実力テストの結果を踏まえて行うからね」と伝えます。志望校がはっきりしていない生徒には「じゃあ，次の面談までに志望校を何校か挙げられるようにしようね」と伝えます。

　上記のように伝えることで，次の面談まで一人ひとりに進路選択についての課題を与えることになり，生徒が進路選択を意識して学校生活ができるよ

うにするのです。
　10月に入ったら，実力テストの結果と上記の面談内容を踏まえて，改めて面談を行います。この10月の面談は，中間考査の前に行うといいでしょう。実力テストでの目標点とともに，中間考査に向けてがんばるように，一人ひとりの生徒に声をかけるのです。

2　学年委員会の取り組みで家庭学習に対する意識を高める

　私の勤務する地域では，受験用のテキスト5教科分を全生徒が購入し，家庭学習の毎日の宿題にしています。このテキストの提出率が低いと，学級として受験に向かっていこうという雰囲気になってきません。そこで，教師は手を変え品を変え提出せよと言うわけですが，生徒同士で勉強しようという声をかけ合えるように，学年のリーダーである学年委員会を動かします。
　具体的には，学年委員からテキストの目標提出率を示し，毎日学年委員がチェックし，提出を呼びかけるようにするのです。こんな具合です。
　「英語のテキストの提出率は79％でした。まず，『朝学活前に提出する』ということをしっかりして下さい。もう1人提出すれば，目標の80％に届きます。出していない人，明日はしっかりと提出して下さい」
　もちろん，生徒による呼びかけをバックアップするように，担任は提出できない生徒への個人的な声かけをしていきます。
　生徒から家庭学習をしようという呼びかけがあることによって，学級の学習に向かう雰囲気は高まっていきます。ただし，こういう取り組みは，1週間か2週間の期間限定で取り組むのがよいようです。あまり長く続けると，マンネリ化してよくないように思います。

【注】
(1)　赤坂真二編著『学級を最高のチームにする極意　気になる子を伸ばす指導』(明治図書，2015) 所収の拙稿「相手の目で見，相手の耳で聞き，相手の心で感じる教師になる」の2(1)，及び『学級を最高のチームにする極意　クラスがまとまる！　協働力を高める活動づくり』(明治図書，2017) 所収の拙稿「協働力は信頼関係の高さに比例する」の1を参照のこと。

受験は団体戦という意識をもつ
～気持ちを切り替えて学習に向かう～

> 🔲キーワード　受験は団体戦　生き方指導　先輩の役割
>
> 進路選択と受験に向けて，勉強一色の学校生活になる時期です。一人ひとりが自分の生き方を真剣に考える時期でもあります。そんな時期だからこそ，集団として支え合い励まし合いながら，みんなでがんばるという意識をもたせたいものです。

【11月から12月の集団づくりのポイント】

　合唱コンクールや文化祭が終われば，3年生は学校の表舞台から身を引き勉強に没頭し，進路選択をしていく時期になります。

　中学校に入学してからこの時期まで，部活動や行事に向けての活動など，生徒たちは常に学習以外の活動を抱えている状態で過ごしてきますが，11月からは「学校に勉強だけをしに来る」という状態になります。中学校に入学してから，こういう状態になるのは初めてのはずです。また，この時期から，月に2回はテスト（定期考査と実力テスト）を受けていくことになります。

　そのような学習一色の学校生活になることで生活の中に潤いがなくなっていく傾向がある上に，実力テストの点数を見て志望校を決めていかなければならないため，生徒たちは心に余裕がなくなってきます。

　学習内容を理解することや進路を決めるということは，それぞれの生徒が自分の将来を考えて，一人ひとり自分でやっていかなければなりません。そのような状況にあるのは，どの生徒も同じであり，勉強ができる生徒もできない生徒も，同じように進路選択や受験に対する不安を抱えています。

　この，不安定になる生徒たちをいかに落ち着いて学習に向かわせるかが，この時期の集団づくりのポイントになります。

　また，これまで「憧れられる先輩」を目指してきた3年生に，後輩たちを見守り励ますという最上級生としての新たな役割を意識させることが，学校行事面における集団づくりのポイントになります。

受験に向けての集団づくり

　進路に関する個人面談の時間を増やし，生徒一人ひとりの声をよく聞き，個別のアドバイスを行っていきます。その一方，「不安を抱えているのはみんな一緒」ということを学級集団内で共有し，「だからこそ，みんなでお互いに励まし合っていこう」という雰囲気づくりをします。
　このときにキーになるのが，

> 受験は団体戦

という言葉です。
　この言葉は，第3章でも紹介しました。4月からこの時期まで，繰り返し生徒に言い聞かせてきているはずの言葉ですが，改めて，この考え方を学級に浸透させることが大切です。

1　行事の直後に切り替える

　中学校生活最後の合唱コンクールが終わった後の学活，みなさんは生徒に何を伝えるでしょうか。合唱の歌声に関して，取り組みに関して，そして今後の学校生活に合唱の取り組みをどう活かしていくかということ……いろいろなことを話したくなる学活です。
　私は，合唱コンクールが終わった直後の学活で，次のように話すようにしていました。語り口や学級での雰囲気を感じてもらうために，ある年に自分が担任した学級の様子を再現します。ちなみに，この年は，賞はとれませんでしたが，合唱後の学活は涙涙の展開になり，リーダーが口々に「このクラスでよかった」ということを語っていました。その直後，終学活の最後で私が語った言葉です。

> 「さて，みんなは，今日をもって，『部活動に打ち込む3年生』『合唱をがんばる3年生』ではなくなりました。さて，じゃあ，みんなこれからはどんな3年生になるかわかりますか？（「聞きたくない〜」と言う声と，耳をふさいで，「ア〜ア〜」と大きな声を出して話が聞こえないようにする声とで騒然とする教室）わかるよね。そう，みんなは，『受験に向かう3年生』になるのです！ それしかなくなるのです‼ （笑）
> ということで，セミナーテスト数学，がんばるように」

それまで合唱の余韻に浸ってテンションが高かった生徒たちも，「あ〜，せっかくいい1日だったのに，テンション下がる〜」と，ブーブー言っていました（もちろん，笑顔でスネてみせるという感じではあるのですが）。

ここまで極端にやらなくてもいいかもしれませんが，それでも，まずは担任から気持ちを切り替えるんだという意志を示すことは大切だと思います。

行事が終わると，「運動会ロス」「合唱コンクールロス」状態になって，しばらく勉強が手につかなくなる生徒も出てきますが，上記のように語ることで，担任自身が余韻にひたることはしないと宣言しているわけです。

何事も率先垂範。まずは，教師から始めるのです。

2 「進路指導は生き方指導」を貫く

進路を考えていく上で大切なのは，4月からどこの高校に通うのか考えることを指導の目的とするのではなく，3年後の高校卒業後，あるいはそれより先の将来，自分がどうなっていたいのかを考えさせること，つまりは自分の未来に思いをはせ，生き方を考えさせることだと思います。

進路指導は，単にどの高校に進学するのかという目先の受験の話ではなく，

進路指導は生き方指導である

というスタンスを貫くのです。

そのように考えると，「どこに行くのか」はなりたい自分になるための通

過点であり，高校進学もそのための手段であるということがはっきりとしてきます。「どこに行くか」よりも，「行った先で何をするのか」というところに意識のポイントが移っていきます。

以下に，進路指導をする上での私の基本方針を示しておきます。

① 少なくとも３年後に（できればもう少し先の）自分がどうなっていたいのかを考えさせる

単に，「成績（テストの点数）がどれだけだから，〇〇高校に」というように考える生徒には，どこの高校に進学するかをゴールに進路を決定するのではなく，高校卒業後に何をしたいのか，どうなっていたいのかを考えるように助言します。

例えば，「高校を卒業して就職したい」という生徒と，「高校を卒業してさらに大学に進学したい」という生徒とでは，高校選択の基準が全く違ってきます。高校卒業後すぐに就職したい生徒は，迷いなく専門学科に進むのがいいでしょう。なぜかと言うと，普通科よりも専門学科のほうが就職先がたくさんあるからです。普通科というのは，（世間一般のイメージとして）さらに上級の学校に進学する生徒が学ぶ場所だというイメージがありますから，企業からの求人もあまり来ません。

また，例えば，「僕は，高校サッカーで国立競技場まで行って，プロのサッカー選手になりたい」「私は，ウェイトリフティングで全国大会に行きたい。そして大学でも選手生活を続けたい」というような目標をもっている生徒は，もうほぼ進学先は決まってくるでしょう。

もちろん，専門学科から大学などの上級学校に進む生徒もたくさんいますし，普通科から就職する生徒もいます。必ずしも上に書いた通りではないところもあります。しかし，基本は就職を考えるなら専門学科，進学を考えるなら普通科だと思います。

ということで，３年後あるいはもっと未来の自分が何をしていたいのかを考えることが非常に大切になるのです。

② 自分の適性を自覚する・自分自身について知る

　「どこでもいいから県立高校へ」とか,「○○高校なら,どの学科でもいい」というようなことを言う生徒がたまにいます。しかし,「本当にどこでもいいの?」と問うと,そうではないことがほとんどです。

　例えば,機械いじりが苦手で,しかもコンピュータを操作するのが大嫌いな人が,工業高校へ進学したとして,どんな3年間を過ごすことになるでしょうか。あるいは,昆虫や動物が大嫌いだという人が農業高校に進んだら,どんな3年間を過ごすことになるでしょうか。もちろん,進学してから,新たな自分の可能性に気付くということも大いにあり得ることです。しかし,常識的に考えて,とても厳しい3年間になるのではないでしょうか。やはり,自分に合った学科に進むのがいいのだと思います。

　また専門学科に進む生徒は,高校卒業後の進路が普通科に進む生徒よりも絞られてくるわけですから,自分の向き不向きをよく認識させておいたほうがよいでしょう。

　普通科に行く生徒も「3年間かけてのんびり自分の進路を考えていこう」というわけにはいきません。と言うのも,普通科の生徒は2年生になると文系と理系に分かれますが,その決断を1年生の1学期にしなければいけないからです。自分の得意分野,大学に行って勉強したい分野を,ある程度絞り込む必要があるわけです。また,総合学科に進学する生徒も,1年生の7月には,2年生・3年生になったときにどの授業を履修するのか自分で決めなければなりません。総合学科には,時間割を自分で組めるというメリットがありますが,自分のやりたいことがはっきりしていない生徒は時間割を組めず,「自由に時間割を組める」こと自体がデメリットとなるかもしれません。

　人生は,映画やドラマとは違います。ドラマなら,「高校に合格,めでたしめでたし」で終わるのかもしれませんが,実際にはその後3年間は通学してそこで勉強をするのです。生徒自身が「3年間,しっかりやっていけるぞ」と思える学科を真剣に考えさせなければなりません。また,自分の得意なこと,好きなことは何なのか,よく考えさせる必要があります。

③　家庭の事情・保護者の考え方を念頭に置く

　これは一人ひとり状況が違いますから，生徒本人が保護者とよく話をする必要があります。例えば，兄弟のいる家とそうでない家では考え方も変わってくるでしょう。卒業後は働いてほしいという家もあるかもしれません。大学に行くにしても，県内の大学に進学してほしいと考えている家もあるでしょう。

　経済的なことはもちろん，保護者の願いも，生徒は知っておく必要があります。生徒のことを一番バックアップしてくれているのは，他でもない，保護者の方です。「自分の進路は自分で決める」，それは正しいことだと思います。しかし，それは「自分一人で勝手に決める」というのとは全然違います。

　いろんな事情を考慮して，保護者と話し合い，よく考えた上で「自分で決める」という意味なのだということを，よくよく教える必要があります。

　①・②・③に共通して言えるのは，高校進学は最終的な目標・目的ではなく，生徒の人生の中の目標に近づくための，あるいは目的を達成するための手段であるということです。

　「自分はどんな人間になりたいのか」ということを，この機会によく考えて，進路を選択するように助言することが大切だと思います。

3 個人面談で生徒の思いをよく聞く

　進路選択に関しては、上記したように生徒一人ひとりの家庭の事情や夢や希望、そしてテストで取れる点数が違っているわけですから、当然、一人ひとり個別にアドバイスをすることになります。

　そのためには、これまた当然ですが、個別面談を繰り返して、一人ひとりの生徒の話をよく聞く必要があります。

　このときに注意しなければならないのは、成績面で心配な生徒ばかりではなく、たとえ教師の立場から見て成績面には何の心配もない生徒であっても、必ず個別面談の時間を確保するということです。

　と言うのも、一見成績面で心配のない生徒にしても、保護者と自分の考え方が合わずに苦しんでいるとか、自分がどんな適性をもっているのかわからず将来のことで悩んでいるとか、それぞれが不安を抱えているからです。また、生徒の家庭の経済的な事情や保護者の意向などは、生徒と話をしてみないとわかりません。

　11月以降は、2週間に1度くらいのペースで面談をしていくのがよいと思います。面接の回数を確保するために、1回の面接時間は短めにしていったほうがよいでしょう。学活の時間を利用するなどして、1時間で学級の半分の生徒と面接できる程度の時間です。実質、1～2分の間といったところでしょう。ただし、全員が一律で同じ面接時間になるわけではありません。

　面談以前に、受験の仕組みについて学級全体に向けて話していると思いますが、全体に話したことを理解していない生徒もいますから、様子を見て、全体に話したことと同じことを丁寧に説明しなくてはいけない生徒もいます。逆に、受験の仕組みもよく理解しており、家庭では保護者とよく話し合っており、進路に関してもおおかた決めているという生徒もいます。前者の生徒の面談には時間がかかるでしょうし、後者の生徒の面談は「○○さんは、△△高校を志望するんだったね？　最近、勉強ははかどっている？　心配なことはない？」と声をかけて、特に心配なことがなければ、すぐに面談終了に

なります。

　大切なのは，一人ひとりが違った事情を抱えており，そのことは生徒から聞かない限りわからないということです。

4　進路を決定するのは生徒と保護者であるということを常に意識する

　生徒が進路選択について迷っているとき，つい，「君の成績だったら，○○（高校）に進むべきだ」と，教師自身の価値基準に基づいてアドバイスしたくなります。

　しかし，生徒の人生は生徒（と保護者）が決めていくことであり，教師は，あくまでも生徒が必要な情報を提供する助言者に過ぎません。出すぎたアドバイスは慎むべきです。

　もちろん，生徒の性格や適性，家庭の事情など，様々なことを考慮した上で，「君は，この高校に進学するのが一番いいと思う」というように，教師としての判断を伝えることは大切なのですが，それを押しつけてはいけないということです。

　「進路指導は生き方指導」と書きましたが，「自分の生き方は自分で決めて，自分で責任をとる」ということを身をもって体験することが，生徒にとって大切なことなのではないかと思います。

5　勉強する上での悩みを共有し，アドバイスをおくり合う雰囲気をつくる

　「受験は団体戦」と書きましたが，まずは，日々の声かけや授業中の学び合いなどを積み重ねることで，生徒がそれを実感できるようにすることが大切です。その上で，学習に関する悩み相談をする場をつくることで，みんなでがんばっていこうという雰囲気づくりをしていく必要があります。

　ここでは，上記したような雰囲気づくりをする上で有効と思われるワールド・カフェ形式の授業を以下に紹介します。

学活「家でもみんなでがんばるぞ～充実した家庭学習をするために～」

〔1　教師の願い〕
・これから2月まで，受験に向けて，家庭学習をしっかりすることがとても大切になる。ぜひ，家庭学習をできるようになってほしい。
・家庭学習をする上で，うまくいかなくて悩んだり，どうやって学習していいかわからずに困ったりしている生徒もいる。そんな生徒の不安を，みんなで話し合うことで軽減する。
・みんなで悩みを出し合うことで，悩んでいるのは自分だけではないということを知り，お互いに励まし合ったり，助け合ったりしながら受験を乗り切っていこうという気持ちをもってほしい。

〔2　授業の実際〕
① **ラウンド0－1**：インストラクション（活動の目的の明示）【5分】
　　a　期末前最後の土日を有意義に過ごしてほしい。
　　b　これから3月まで，家庭学習がとっても大切になる。
　　以上のことから，家庭学習に関する悩みや，家庭学習について知りたいことをみんなで出し合い，話し合う時間をもつことにした。
② **ラウンド0－2**：各自の悩みや，他の人に聞いてみたいことを3つ以上書き出す【3分】
③ 活動をする上での注意点（カフェ・エチケット）の確認【2分】
　　i　テーマに集中して話す。
　　ii　1人で長く話すことは避ける。
　　iii　他の人の意見を否定しない。
　　iv　模造紙は真ん中のほうから書いていく。
④ **ラウンド1**：各自の悩みや聞いてみたいことを出し合う【13分】
　　対処法の話になっていってもよし。
⑤ **ラウンド2**：ラウンド1で出てきた悩みへの対処法や，聞いてみたい内容の答えを出し合う【10分】

⑥ **ラウンド3**：もち寄った情報を交換し合う【7分】
⑦ 振り返り（各自の収穫を確認する）【8分】
⑧ それぞれの班の考えのいいところを教師から紹介する【2分】
⑨ 教師の語り【2分】

> 「今日は、みんなで勉強に関する悩みを出し合ったりしたわけだけど、今後、勉強が大変になってきます。先生が担任した3年生たちは、2月の半ばくらいになると、『先生、こんなに大変な受験勉強続けるくらいなら、点数上がらんでもいいから、明日受験にしてほしい』と音を上げていました。受験勉強は、大変なんです。そんなときに、今日みたいに、悩みを相談したり、勉強の仕方を教えてもらったり、みんなで励まし合ったりしていけるといいね」

　私は、こういう、仲間とともにつながり合っていけるような活動が、クラスをつくる上でとても大切だと思います。そして、そういう活動は、教師が意図して仕組むものだと思います。

　「受験は団体戦」と書きましたが、質の高い授業をするためには、学級内の人間関係をよくし、一人ひとりの生徒にとって居心地のよい学級集団にしていかないといけません。安心して発言し、話を聞き、考えることのできる集団の中でないと、いいパフォーマンスができないからです。だから、教科の授業の質を上げる前に、和気藹々と、安心して話のできるクラスをつくることが大切だということになるのです。そういうクラスでは、学習にもみんなで協力して取り組んでいけるものです。

　よりよい教科の授業をつくり上げていく土台は、学級集団づくりにあるのです。

6 日々の生活に潤いをもたせる

　大きな行事やイベントがなくなり，生活に潤いがなくなりがちになる時期ですが，そんな時期だからこそ，日常生活の中の小さな笑いを学級全体で共有し，みんなで笑ったり楽しんだりできるようにしていきたいものです。毎日の生活の中に，みんなで一斉に笑える場面があるというのは，教室の居心地をぐんとよくしてくれるものです。

　そのためには，教師が率先してハプニングを楽しむ姿勢が大切です。生徒と交わすちょっとした会話，あるいは学級の中で起こるちょっとしたハプニングを，教師が真っ先に大笑いしてみせるのです。

　私は，心からそういうことを楽しんでいるということを生徒に示すために，学級通信でそのようなエピソードを積極的に紹介していきます。

　例えば，以下のような感じです。

> 　学活ノートを点検していたら，こんなことが書いてありました。
>
> 　先生，太ったー！
>
> 　おっと，違った，紹介したいのはこれじゃない。これはある女子生徒が毎日学活ノートに書いてくることなんであります。あんまりしつこく書いてくるから，つい間違って紹介しちまったい。
>
> 　（中略）
>
> 　昨日の4時間目，学友区会が10分で終わり，生徒たちが教室にそろってすぐに終学活を終え（給食終了が12時50分，懇談会開始が13時30分という日程なので，4時間目の学活の中で終学活もやっておくことになっているのです），20分くらい時間が余りました。「やることも言うこともないし，ま，教室で休ませておくか」と思い，給食を食べる班の形にして，自由にしていていい時間ということにしました。
>
> 　これが，なかなか楽しかったですよ。まず，窓際に座っていた男子生

徒が,「ショートコント『面接』」を始め,大いに笑わせてもらいました。「えー,あなたはなぜこの学校を受けようと思ったのですか」「はい,アイスホッケーをしたいと思ったからです」(どこからアイスホッケーが出てくるんだ?)しばらくやりとりを続けた後,「ところで,この学校にはアイスホッケー部はありませんよ」「え…(絶句)」(今わかったんかい! 受験前に調べとかんかい!)。ばかばかしいのですが,大笑いさせてもらいました。

2 生徒会選挙で「先輩の役割」を理解し,実践する

　この時期に,生徒会役員の改選選挙が行われ,2年生・1年生からなる新生徒会執行部が組織される学校が多いのではないでしょうか。このとき,「自分たちの代の生徒会活動はもう終わった」という意識の生徒が多いと,目的意識もなく,生徒会活動の傍観者となって何となく投票を行うということになります。
　そこで,生徒たちには,11月から3年生が果たす役割として,

先輩として,後輩を見守り励まし,後輩に自信をもたせる

ということを意識させます。
　活動の第一線からは身を引いたとは言え,「憧れられる先輩」として後輩に見られている3年生です。その3年生に温かく見守られ,励まされることで,後輩たちはとても心強く感じるものです。第一線から身を引いても,3年生として果たすべき役割があるのだということを生徒たちが理解することで,行事に参加する姿勢ががらっと変わってきます。
　学校を引っ張ってきた3年生の矜恃をもって,後輩たちの活動を見守らせたいものです。

第7章 面接練習でつながる
～個との信頼関係を深める～

冬休み

> □キーワード　書類作り　面接練習
> 3年生の冬休み，生徒は勉強漬けの日々を送ることになります。教師は，書類作りと推薦で受験する生徒の面接練習が主な仕事になります。面接練習を通して，一人ひとりの生徒との信頼関係を高めていきます。

　内申点が確定した状態で行われる冬休み直前の三者懇談会において，志望校も絞られてきて，「1月の実力テストでは○点取りたいところだ」というように，進路に関する話が具体的になって迎える3年生の冬休み。

　担任としては，「とにかく勉強漬けの冬休みにしよう」と生徒たちに発破をかけて冬休みに突入することになります。

　この冬休みを送る上で教師にとって大切なのは，受験に向けての書類をきちんと作ることに尽きると思います。富山県では，調査書に関しては2学期の成績が確定した時点で仕上がりという学校もあるかもしれませんが，推薦書に関しては，冬休み中の仕事になります。まずは，生徒たちが出願する高校を確実に受けることができるように，仕事を進めることを最優先すべきです。生徒に対しての質問教室などは，行う必要はないと思います。この時期には，一人で勉強する力もつけないといけないので，自宅で各自勉強に取り組むのがいいと思います。

　ただ，1月から始まる推薦入試を受ける生徒に対しては，作文練習や面接練習を行ってやる必要があるでしょう。この練習の場で，推薦入試を受験する生徒一人ひとりとの信頼関係を高めるとともに，仲間と関わらせながら練習を行うことで，推薦入試を受験する生徒が連帯感をもって受験に向かっていくことができるようにします。

　年賀状を全生徒に出すことで生徒とのつながりをもつようにすることは，夏休みのところで書いた暑中見舞いと同じことです。

1 書類作りを抜けなく行う

　調査書は，11月に入った辺りから少しずつ作り上げてきているとは思いますが，いよいよ教科の成績も入れて書類を仕上げていくのがこの時期になるのではないでしょうか。

　これらの書類は，学校長の印をもらって外部に出すものですから，細かいところまでチェックが入ります。私の勤務する地域では，数字を半角にするか全角にするか，部活動の成績をどういう順番で書くかなどといったところまでチェックが入ります。「何でそんなところまで」と思わないでもありませんが，学校として責任をもって出す書類である以上，学校として書式を統一しておかないと，書類の信頼性を担保できないということだと思います。

　この書類の最終的な査定の会議で，管理職の先生からチェックが入って直しが続出する……という状況になると，会議が長引いて先生方に迷惑をかける上，精神衛生上もよろしくなく，かなりストレスがたまることになります。こういうところで精神的に疲弊しないことが，生徒と上機嫌に接していくために大切なことなのではないかと思います。

　そこで，書類作りは各学校で示されるマニュアルをよく参照し，すべてマニュアルに従って作業を進めることが大切です。

　しかし，マニュアルがあっても，実際に書類作りを始めると，「あれ？これはどう書くのかな？」ということが必ず出てきます。そんなときは，必ず学年主任を初めとした学年団の先生方と相談し，その時々に決めたことをマニュアルに書き加えていく必要があります。職員室の学年の黒板に書いていくという手もあるでしょう。

　いずれにせよ，大切なのは，書類作りを一人で行わないことです。必ず，学年の先生方と相談しながら作業を進めることです。そうすると，無用なストレスをためないで書類作りに取り組めると思います。

推薦入試に向けた面接練習を行う

　富山県では，冬休みが明けるとすぐに私立高校の推薦入試があります。そこで，冬休み中に面接練習を行います。

1　担任との面接練習の前に

　私の勤務する地域では，私立の推薦入試の指導は２学期末の三者懇談会の前に始まります。最初に，私立推薦受験者を全員集め，学年スタッフ全員が見守る中で，学年主任か，学年の生徒指導に当たる教師が話をします。

　富山県では，推薦入試に出願するためには，私立・公立ともに学校長の許可が必要ですから，誰でも推薦入試に臨めるわけではありません。校内の選抜資料作成委員会（進路指導委員会）で，学校として推薦できる生徒か否かを審議します。そのことを踏まえて，以下のことを確認します。

① 　学校長の推薦を得て，学校を代表して受験に行くのであるから，緊張感をもって受験に臨まねばならない。
② 　今はまだ校内の会議を通って，受験しに行く権利を得ただけであり，実際に受験に行って合格してこないといけない。校内の会議を通って安心している場合ではない。
③ 　そこで，担任の先生，学年の先生，そして校長・教頭・教務など管理職の先生方との面接練習を行う。学校全体としてみんなをバックアップしていく。

　この集まりは，緊張感のある雰囲気の中で行います。生徒たちに「学校長の許可を得ている」という事実の重みを感じさせ，緊張感をもって推薦入試に臨もうという意識をもたせるためです。

　ですから，この集まりのときは，会議室などを借り，生徒が入る前に学年スタッフが全員陣取り，生徒を待ち構えます。そして，生徒が黙って会場に

入って来ようものなら，厳しく「入室する態度ができていません。やり直し！」と言って，再度入室させます。きちんと「失礼します」と大きな声で言える生徒のみ，入室を認めます。もちろん，生徒が座る場所はあらかじめ教師のほうで決めておきます。また，座る姿勢にしても，背筋が伸びていなければ，「入試会場で，そういう座り方をするんですか？　背筋を伸ばしてぴしっと座りなさい」「顔を上げなさい」と強い調子で注意します。

そのようにして，緊張感のある雰囲気をつくった上で上記①～③の話をし，そして，市販の推薦入試対策用の冊子を配布し，三者懇談会の裏番組として，学年としての面接練習を行うことを告げます。

三者懇談会の裏番組としては，次のことを学年主任と副担任の先生にしておいてもらいます。

① 市販の推薦入試対策冊子に付属するDVDを視聴し，面接における基本的な所作を確認する（実際に出入りの仕方をやってみる）。
② 推薦入試対策冊子の基本的な質問事項に対する答えを考えて書く。

このように，推薦入試の練習に関わることは，学年がチームとなって動くことで効率よく，スムーズに進んでいきます。

ここまでのことが行われた上で担任との面接練習を行います。

2　担任との面接練習

1の集まりの最後に，自分のクラスの生徒に113ページのような面接練習の計画表を渡し，その場で誰がいつ面接練習をするかを決めてしまいます。

また，推薦入試対策冊子に書き込んだ受け答えの内容は，1回目の練習までに覚えてくるように指示しておきます。また，作文のある学校を受験する生徒に関しては，「高校でがんばりたいこと」という題で，自分の受験する学校の指定字数で作文を書いて，終業式までには提出するように指示しておきます。

その上で，2回目の練習が終われば，管理職の先生方との面接練習に出せるという状態にすることを目安に練習します。

① 1回目の練習では，出入りの所作の確認と，推薦入試対策冊子に書き込んだ答えを言えるかどうか確認する。このときは，事前に受け答えを考えてきた質問しかしないことを予告しておく。作文のある生徒には，「高校生活でがんばりたいこと」を添削したものを返却し，何も見ずにその作文を再現できるように練習しておくよう指示する。

② 2回目の練習では，まずは推薦入試対策冊子に書き込んだ答えをすらすら言えるかを出入りから通して実際にやってみて確認する。その後，冊子にない質問をし，臨機応変に答える練習をする。作文に関しては，116ページの「作文の書き方」の「なかⅠ・なかⅡ」の部分が書けるようになっているかを確認する。3回目の練習をするかどうかを決める。

ところで，私は，面接練習を，最初の集まりのように緊張感のある雰囲気ではなく，基本的には笑顔で和やかに練習するように心がけています。

と言うのも，私は，この担任と生徒の面接練習を，半分私的な場だと捉えているからです。学年として集まるという公の場では，緊張感をもってぴしっとしていなければなりませんが，学級に帰って担任として生徒に接するときには，温かい雰囲気で練習を進めてやりたいと思うからです。だから，私の面接練習は，真剣な練習の中にも，時には大笑いする場面もあります。ただ，決してだらけた雰囲気で練習しているわけではありません。

例えば，こんな感じです。

海見「最近読んで印象に残っている本はありますか？」

生徒「はい，『走れメロス』です」

海見「ちょっと，面接モードから外れるぞ。(笑いながら)おいおい，それ，2年生の教科書に載ってるでしょ。そんなの挙げたら，あ，この生徒，本読んでないなってまるわかりじゃない」

生徒「(リラックスして)いやー，先生，最近，本読んでないんですよ」

海見「ははは，そういうことね。いいのいいの。『最近』って言われてても，今まで読んだ本の中から印象に残っている1冊を選んで言えばいいの」

生徒「そうなんですか？」

２０１３年私立高等学校推薦入学試験に向けて
～３年２組面接練習計画表～

1　冬休み中に2回の面接練習をする予定です。
　・　面接は個人練習です。
　・　基本は2013年に2回。2014年は追加希望者のみ実施。
2　作文は，面接のときに持ってくること。
　　　面接練習と並行して，作文のチェックも行います。チェックしたところをしっかりと見直しして，確認しておいて下さい。
3　3学期に入ると，担任以外の先生の指導があります。そのときに，服装の注意だけで終わったり，言葉遣いや態度の注意だけで終わったりして，面接の練習にならない人がいます。気をつけましょう。
　　　＝　いますぐに，そして今後ずっと服装・言葉遣いを完璧にする！
4　登校するときは，面接の練習なので，服装を整えてくること。服装が整っていない人は練習しません。着替えてきてもらいます。
5　自分の練習時間の30分前までに登校していること。待ち時間は，質問内容のチェック・暗唱に使いましょう。仲間同士で練習するのもGOOD！！
6　22日または25日の面接練習までに「面接の答え方」P2～P19をよ～～く読んでおくこと。また，「面接の答え方」に書いたことをすらすらと言えるようになってくること。

日程・場所	内　　容	予　定　者
２０１３年 ２２日（日） 13:30～16:00 3年2組教室	・「面接の答え方」点検 ・面接練習その1 　→　1人30分	① 13:30 ～ 14:00 ② 14:00 ～ 14:30 ③ 14:30 ～ 15:00 ④ 15:00 ～ 15:30 ⑤ 15:30 ～ 16:00
22・25日のどちらか1日　必ず		
２５日（水） 13:30～16:00 3年2組教室	・「面接の答え方」点検 ・面接練習その1 　→　1人30分	① 13:30 ～ 14:00 ② 14:00 ～ 14:30 ③ 14:30 ～ 15:00 ④ 15:00 ～ 15:30 ⑤ 15:30 ～ 16:00
２０１３年 ２６日（水） 13:30～16:00 3年2組教室	・「面接の答え方」点検 ・面接練習その2 　→　1人30分	① 13:30 ～ 14:00 ② 14:00 ～ 14:30 ③ 14:30 ～ 15:00 ④ 15:00 ～ 15:30 ⑤ 15:30 ～ 16:00
26・27日のどちらか1日　必ず		
２７日（木） 13:30～16:00 3年2組教室	・「面接の答え方」点検 ・面接練習その2 　→　1人30分	① 13:30 ～ 14:00 ② 14:00 ～ 14:30 ③ 14:30 ～ 15:00 ④ 15:00 ～ 15:30 ⑤ 15:30 ～ 16:00
２０１４年 ６日（月） 13:30～15:30 3年2組教室	・面接練習その3 　→　1人20分	① 13:30 ～ 13:50 ② 13:50 ～ 14:10 ③ 14:10 ～ 14:30 ④ 14:30 ～ 14:50 ⑤ 14:50 ～ 15:10 ⑥ 15:10 ～ 15:30 ⑦ 15:30 ～ 15:50 ⑧ 15:50 ～ 16:10

【注意事項と持ち物】
・　必ず正しい服装で登校すること！
・　面接対策プリント・新面接の答え方・作文・筆記用具を持参すること！！

海見「そうだよ，だって読んでないとは言えないでしょ？　もう1回同じこと聞くからな。ちょっと考えて。じゃ，面接モードに戻るぞ」
生徒「はい（姿勢を正す）」

　上記のように，「面接モード」とそうではない時間帯をはっきりさせることで，メリハリのある楽しい面接練習になります。

　生徒との練習の中では，自然に思わず笑ってしまうような場面がたくさん出てきます。生徒は真剣ですが，経験がありませんから，大人から見るとおかしなこともしてしまいます。そのことを叱るのは当たらないように思います。生徒は真剣なのですから。それなら，いっそ一緒に笑ってしまって，その後で正しい所作を指摘したり，よりよい受け答えを一緒に考えたりすればいいと思うのです。真剣な中にも，笑いがあっていいと思うのです。

　私は，面接練習の目的は生徒が志望校に合格することにあると思っていますが，それだけではないとも思っています。

　この面接練習を通して，「自分の合格のために一生懸命になってくれる大人（担任）がいる」「大人は信頼できる」ということを生徒たちが感じることも，大切な目的なのではないかと思います。

　さらに，複数の生徒を1度に指導すると，生徒同士のつながりも強めることができます。

　私は，面接練習の30分前には登校するように指導しますが，そうすると，生徒は自分の前に練習する生徒の様子を一緒に見ていることになります。上手に受け答えをしている生徒の様子を見て感心したり，とんちんかんな受け答えに思わず笑ってしまったりしながら，練習している生徒と一緒に，担任のアドバイスを聞くことになります。また，面接練習を終えた生徒が，次の生徒の練習のときに面接官役になって教師と一緒にアドバイスを送ることもあります。このときには，必ず「よかったところ」と「改善したほうがいいところ」の2点を話すように促します。

　このように練習を工夫することで，自然と生徒同士で面接練習をするようになったり，アドバイスを送り合ったりするようになっていきます。そうな

ってくると，たとえ同じ学校を受ける生徒同士であっても，お互いをライバルとか敵として捉えるのではなく，お互いに切磋琢磨することで一緒に合格を目指す仲間という意識をもつようになります。面接練習をする生徒同士が連帯感をもつようになってくるのです。

推薦作文の書き方

二〇一三年十一月

◎ 推薦作文は、自己アピールの場。
　自分ががんばってきたこと、高校生活に向けての決意などをしっかりと打ち出す。

◎ 自分の何を高校に売り込みに行くのか（自分のよいところ）を意識して作文を書く。

◎ 原則として、最後の段落は、どんな意気込みで高校生活を送りたいのか、その決意を力強く示して締めくくる。

◎ 段落は、三つまたは四つが適当（字数制限による）。
　おすすめの段落構成は三段落。後で説明する（はじめ）（なか）（おわり）の三段落構成で書くのが無難。

◎ 緊張感の中で、文章を書く練習を積み重ねておく（静かな雰囲気、時間を意識して）。

◎ 自分が受験する学校、学科、コースの概要は、進路のしおりやパンフレットなどをよく読んで頭に入れておく。

推薦作文構成の具体例

タイトル「高校生活に期待すること」
【このカッコ内の内容は、高校でサッカーをがんばりたいという人の場合どう書くのかを示してみました】

一段落目（はじめ）
- 高校生になったら何をがんばりたいのか、高校生活を通して自分がどう成長していきたいのかを、端的に示す。
【サッカー部に入り、レギュラーとして国立競技場でプレーしたい】

二段落目（なかⅠ）
- 中学校生活の中で、自分ががんばってきたこと、身に付けたことを、具体的にたくさん書く。
【サッカーの練習には毎日参加し…。得意なプレーは…。全国大会では…。など】

三段落目（なかⅡ）
- 高校では、何を目標に、さらにどんなことを身に付けたり伸ばしたりしていきたいかを具体的に示す。
【高校では、ドリブルだけでなくパスの技術も磨き…。普段の練習は非常に真剣に取り組み…。チームの勝利のために…。など】

四段落目（おわり）
- 自分の決意や意気込みを力強く示して終わる。
【この高校で必ず国立のピッチに立ち…。】

◎ ポイントは 囲った（なか）の部分。ここさえ書ければどんな作文のタイトルが出ても大丈夫。私立高校の作文のタイトルは、「高校生活でがんばりたいこと」・「中学校生活でがんばってきたこと」・「将来の夢（高校卒業後にやりたいこと）」、この三つのどれかの場合が多いようです。しかし、おそるに足らず（なかれ）の部分を支書けるような（ば）、あとは（はじめ）と（おわり）をほんの少し変えれば作文ができるのです。具体例のところで取り上げている「サッカーをがんばりたい人」の場合で考えてみましょう。

タイトル「中学校生活でがんばってきたこと」

一段落目（はじめ）
・中学校で何をがんばったのかを端的に書く。
【僕が中学校3年間で一番がんばったのは、部活動のサッカーだ。】

二段落目（なか）
・ここは、「高校生活に期待すること」と一緒。

三段落目（おわり）
・ここも、「高校生活に期待すること」と同じ。ただし、傍線を引いた部分を付け足しておく。
【中学校でがんばった経験を生かして○○の高校で必ず国立の…】

タイトル「将来の夢」

一段落目（はじめ）
・高校を卒業してから何になりたいのかを端的に書く。
【僕の夢は、Jリーグで活躍するプロのサッカー選手になることだ。】

二段落目（なか）
・ここは、「高校生活に期待すること」と一緒。

三段落目（おわり）
・ここも、「高校生活に期待すること」と同じ。ただし、傍線を引いた部分を付け足しておく。
【中学校でがんばった経験を生かして○○の高校で必ず国立の…】そして、将来必ずJリーグで活躍したいと思う。】

というわけで、自分の「売り」をしっかりと意識して、はやく（なか）の部分を完成させて、全て暗記して書けるようになろう！

義務教育最後の日々に対する愛惜の念をもたせる
～二度と戻らない時間を意識させる～

> **キーワード** 愛惜の念　3年生としての役割　励まし
>
> いよいよ受験シーズンに突入し，生徒にとっては勉強一色の日々が続く苦しい時期です。そんな中でも，仲間と過ごす残り少ない日々を大切にする意識をもたせ，一人ひとりを励ましつつ，みんなで受験に向かっていく集団にしていきます。

【1月～2月の集団づくりのポイント】

　1月から2月にかけては受験シーズンに突入します。授業では，中学校での学習内容を終え，受験対策用のプリント学習の教科が多くなり，学活の時間も基本的に進路相談のための個人面談の時間の裏番組として自習になり……と，生徒たちにとっては勉強一色の学校生活になっていきます。

　以前，1月の後半にある生徒が「先生，俺，明日受験でいい。もう勉強するの疲れた」と受験勉強の苦しさに音を上げたことがありましたが，これは多くの生徒が感じるところのようです。

　そんなつらい時期だからこそ，「受験は団体戦」という合い言葉を思い出させて，仲間と一緒にがんばっていこう，仲間と一緒にがんばる時間を大切にしていこうという雰囲気づくりをしたいものです。

　そこで大切なのが，生徒に，

仲間とともに過ごす有限の時間に対する愛惜の念をもたせる

ことです。

　簡単に言うと，「このメンバーで一緒に過ごすのもあと〇〇日しかない」ということを常に生徒に意識させ，そのような限られた時間しか残されていないからこそ，同じ時間を過ごすなら，卒業までみんなでいい時間を過ごしていこうという思いをもたせるのです。

　そのためには，まず，教師自身が学級の生徒たちと過ごす時間に対する愛

惜の念をもつことです。具体的には，日々の生徒たちのちょっとしたエピソードを，心から楽しんで過ごすことです。ちょっとしたエピソードを学級通信に取り上げて形に残していくというのもいい方法だと思います。教師の思いは，生徒にも伝わります。

　そのような意識を生徒たちがもつようになると，休み時間や給食の時間，あるいは学び合いの時間の会話に潤いが出てきます。生徒たちから，自然な笑いが起こるようになります。そんな楽しみが生まれてくると，プリント学習が続く授業や自習の時間を「自分のためにも，みんなのためにも，静かにしっかり取り組もう」という気持ちで乗り切っていくことができるのです。

　この時期には，推薦入試で早めに進路が決まった生徒も出てきます。そのような生徒にしても，やはり「みんなでいい時間を過ごそう」という意識をもっていれば，我慢して，静かに学習に取り組んでいけるのです。

　さらに，進路が決まった生徒が中心となって，学級文集を作るなど，学級のみんなで楽しく活動に取り組める企画を立ち上げます。学級文集に関しては，でき上がった文集自体よりも，文集を作る過程のわいわいがやがや生徒同士が話をする時間が大切だと思います。

　また，一人ひとりが自信をもって自分の人生を歩んでいけるように勇気づけていく時期でもあると思います。そのためにも，個人面談の時間が大切になってきます。個を勇気づけるには個に対して語りかけるしかありません。この時期の個人面談は，実力テストの結果をもとに志望校に合格するかどうかを話すだけの面談になりがちですが，一人ひとりの生徒にエールを送る，そんな気持ちで面談を行いたいものです。

　上記したような手立てが，すべて，涙涙の卒業式と最後の学活を準備していくのです。

愛惜の念をもって生活する

1 カウントダウンカレンダーを作る

　仲間と過ごす有限の日々を愛惜するためには，あと何日この仲間と一緒にいられるのかを毎日確認することで，毎日が二度と戻らない日々であることを全生徒が意識できるようにしてやる必要があります。

　そこで，3学期に入ったらすぐに，卒業まであと何日登校するのかを示す日めくり式のカレンダーを生徒みんなで手作りし，教室に掲示します。

① 「卒業まであと　　日・今日の一言」とだけ印刷したプリントを卒業式までの登校日分と，卒業式までの行事予定（入試の日程などもすべて入ったもの）をまとめたプリントを人数分準備する。行事予定のプリントには卒業式までの登校日の数を書いておく（例えば1月14日43，1月15日42，…3月17日1というように）。マジックかプロッキーも人数分以上準備しておく。

② 「卒業まで登校する日もわずかになりました。卒業すれば，おそらく二度とこのメンバー全員で集まるということはないでしょう。ぜひ，このメンバーで過ごす残りの日々，同じ過ごすなら，みんなにとってよい思い出になるよう，みんなで1日1日を大切に過ごしていきましょう。そのためにも，卒業まであと何日かということを，毎日確認できるといいですよね。そこで，今日は，みんなで卒業までのカウントダウンカレンダーを作りましょう」と，趣意説明をする。

③ 最初に行事予定のプリントを配り，どの日のカレンダーを誰が書くのかを確認する。必ず1人1枚は書くようにし，2枚書きたいという生徒を募ってすべての日の日めくりができるようにする。

④ 「今日の一言」には，基本的に何を書いてもいいが，クラスの仲間に

対するメッセージだから、自分が担当する日がどんな日なのかを考えて、前向きな内容のことを書くように指示する。
⑤ 生徒の書いたプリントを束ね、日めくりできるようにして、教室の前の黒板の隅のほうに掲示しておく。
⑥ 毎日朝学活でカレンダーをめくり、「今日の一言」を読み上げる。
　これだけです。①から④を学活を使って行い、その日のうちに⑤までやっておき、翌日からは⑥を始めます。
　この活動、生徒は喜んで取り組みます。「今日の一言」に何を書こうかと、隣近所と相談しながら、わいわいと和やかにカレンダー作りが進みます。
　この1時間だけでもこの活動をやる意味はあるのですが、大事なのは⑥です。⑥を行うことで、生徒たちは卒業までの限られた時間を意識するとともに、毎日仲間からのメッセージを受け取ることになります。それが、限られた時間を愛惜する学級の雰囲気をつくるのです。

　右は、私が担任した学級のカウントダウンカレンダーです。
　バレンタインデーの日のカレンダーなど、ちょっとだけた感じになっていますが、こういうのも混じっていたほうが、和やかな雰囲気になるものです。
　毎朝、「今日の一言」を読み上げてコメントするのですが、この時間を楽しみにしている生徒が多かったように思います。こういう日常的なちょっとした潤いのある時間が、学級に対する愛惜の念を高めるのです。

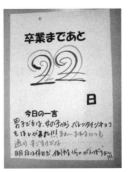

2 教師が，愛惜の念を伝え続ける

　生徒が学級に対する愛惜の念をもつようになるには，まずは教師が心から学級，そして生徒たちと過ごす時間に対する愛惜の念をもっていなければいけないと思います。

　そこで，教師自身が愛惜の念を強くもっているということを，生徒に伝え続けます。以下は，私自身の語りを学級通信に掲載したものです。

> 　皆さん，国語に関係ない話を聞いてください。
> 　みんなは，あと何日中学校に登校するか知っていますか？29日です。そのうち，一日は私立高校一般入試でほとんどの人は登校しないし，一日は県立高校一般受験で登校しません。つまりは卒業式前に，このメンバーで顔を合わせるのは，もう27回しかないんですね。さらに言うと，国語の時間に関して言えば，あと10回ちょっとしかないんですよね。
> 　実は，僕は，最近，一人のときによく泣いています。
> 　みんなとの別れが近づいていることを思うと，涙が出てくるのです。
> 　僕は，こうやって，静かに座って僕の話を聞いてくれているみんなのような生徒のいる教室で授業ができて，とても幸せだと思います。みんな，ありがとうね。と言うと，「静かに座って話を聞くなんて，当たり前じゃない？」と思う人もいるでしょう。僕も，昔は，そういうことが当たり前だと思っていました。
> 　でも，それは，違います。だって，考えてみれば，今，みんなは，僕の話を無視しておしゃべりもできるし，歌を歌うことだってできるし，立ち歩くことだってできるんです。だって，僕はみんなの口を縫いつけているわけでもないし，足をイスに縛りつけているわけでもないですからね。それにもかかわらず，みんなは，僕の話を顔を上げて聞いてくれている。これが，感謝せずにいられますか。僕は，みんなのような素直な生徒と一緒に授業をすることができて，本当に嬉しく思っています。

そういう，可愛い生徒との別れが近づいていると思うと，グッとこみ上げてくるものがあるのです。僕も歳をとったんですかね。
　「当たり前のこと」と言いました。僕は，別れが近い時期になると，「当たり前」は，実は当たり前ではないということに思いが至るのです。だって，考えてごらん。今日，ここにみんながいるのは，みんなが交通事故に遭わなかったり，病気にならなかったり，家族に不幸がなかったり，そして，地震がなかったり，津波が来なかったり，そんな，みんなが学校に来られなくなるような事情が，一切ないからなんだよね。
　それって，幸せなことだと思いませんか。
　一昨年の東日本大震災で，僕は，そのことをはっきりと感じました。僕たちが，ここに集まって，こうして平和に授業ができるのは，実は，とても幸せなことなのではないか？
　そう思うと，僕は，みんなとできる１時間１時間の授業を大切にしないと，と思うんです。
　まとまらないけども，僕は，みんなと一緒にいい授業ができるようにがんばらないと，と思っています。
　　　　　　　　　　　　学級通信『純魂』第109号（2013年２月５日）より

　こういう語りを，本気で，繰り返すのです。
　そういう教師の本気が，生徒の心を動かし，卒業までの有限の時間を大事に過ごそうという意識を高めるのだと思います。

3　道徳の時間を大切にする

　道徳の授業は，義務教育を終えれば二度と受けることができません。ということは，この時期の道徳授業は，人生で最後の道徳授業だということになります。そんな意識で，まずは教師が真剣に道徳授業に臨むようにします。卒業を控えているこの時期だからこそ，生徒に対して真剣に考えてほしいこと，伝えたいことを道徳の授業で取り上げていきます。

また，この章の初めに書いたように，この時期は教科の授業がプリント学習中心になっていきます。黙ってプリントに取り組む時間が多く，生徒たちにとっては修業のような苦しい時間が続く時期です。

　そんな中で，道徳の時間は，クラスの仲間みんなで考えを交流させることのできる，とても貴重な時間になります。とっておきのネタで授業をし，生徒たちが楽しく交流して，真剣に考えを述べ合う，そんな道徳授業を展開することで，クラスの温かい雰囲気が醸成されていくのです。

4　予餞会で3年生としての役割を自覚させる

　私の勤務する地域の学校には，予餞会（3年生を送る会）があります。1・2年生が趣向を凝らした出し物で3年生に対する感謝の気持ちを表してくれるという会です。受験勉強で疲れている3年生にとって，この会はとても楽しみな会であるようです。

　もちろん，1・2年生が一生懸命に3年生を楽しませようとするその気持ちを素直に受け取って，3年生は思いっ切り予餞会を楽しめばいいのです。

　しかし，単に「1・2年生が自分たちを楽しませてくれる会」という意識で予餞会に参加すると，後輩の失敗を心なく笑う生徒が出てきて，1・2年生に不愉快な思い，悲しい思いをさせることがあります。

　そこで，生徒会選挙のときと同じように，「3年生としての役割」を意識して会に参加させます。

　私は，予餞会の前には，必ず以下のような語りを入れるようにしました。

　　さて，先日，予餞会で3年生がお返しに歌う歌の練習をした際，次のような話をしました。

　　予餞会において，3年生は，お客さんではない。そこを勘違いしてはいけない。

　　君たちも，1・2年生と立派な予餞会をつくり上げてきたと聞いた。君たちはよくがんばったのだと思う。でも，もし，君たちがステージで

一生懸命にやっているのに，３年生が全然見てくれてなかったとしたら，どうだっただろう。実は，３年生がしっかりと見守ってくれているからこそ，１年生と２年生は自信をもってステージに上がれるし，自信もつくのである。

　きっと，今年も１年生２年生は一生懸命にやってくれるだろう。そこは，毎年変わらないと思う。じゃあ，予餞会の成否の鍵はどこにあるのか？　それは，見ている君たちの態度にあると，僕は思う。

　よい集会は，観客がつくるのである。

　そのことを忘れないでほしい。

　さて，１・２年生の予餞会の目標ははっきりしている。１つは，君たちに喜んでもらうこと，もう１つは，この行事を通して学年として成長すること。じゃあ，３年生は？　最初に言ったが，３年生はお客さんではない。先生は，３年生には２つの役割があると思う。

　１つ目は，後輩を認め，励ましてやること。君たちが予餞会で自信をつけたように，後輩に自信をつけさせることである。と言っても，それは難しいことではない。斜に構えず，素直に，後輩たちの出し物を楽しめばいいのである。笑わせようとしているところでは大いに笑ってやる。そういう，後輩を認めてやろう，成長させてやろうという態度が大事である。

　２つ目は，後輩たちに「やっぱり３年生ってすごいな」と思わせることである。君たちの力を見せつけることである。後輩たちが，「予餞会で自分たちは力をつけたけど，先輩たちのようになるには，もう１年かかるな。さらに，がんばっていこう」と思うような，高い高い目標であり続けることである。君たちは，運動会でも文化祭でも立派な仕事をしてきた。後輩にとっては憧れの先輩だ。憧れの先輩のまま，卒業していきなさい。

　　　　　　　　　　　学級通信『純魂』第190号（2014年2月20日）より

このように，先輩としての役割を自覚させた上で予餞会に参加させます。生徒たちが，後輩の前では常に「高い高い目標であり続けよう」という思いをもつようになることが，整然とした立派な卒業式をつくり上げようという気持ちにもつながっていくのではないかと思います。

志望校の決定をするのは，生徒と保護者である

　1月から2月にかけては，実力テストの結果を踏まえた上での個人面談が続いていきます。

　この時期は，なかなか点数が伸びずに悩んだりつらい思いをしていたり，保護者とぶつかって気持ちが不安定になっている生徒がたくさんいます。いや，どの生徒も，何かしら悩みや不安を抱えているものです。

　だからこそ，個人面談においては，生徒をぬか喜びさせたり，逆に落胆させて勉強に向かう気力をなくさせたりしないように，言葉を選んで慎重に声をかけていかなくてはいけません。私が個人面談を行う上で気をつけてきたことを，以下にいくつか書いておきます。

1　生徒の進路は生徒と保護者が決めるものと肝に銘じる

　私は，若い頃，「この子は〇点取っているから，△△高校かな」と思ったら，その自分の考えに生徒を誘導するように話をしていました。そのせいで，「先生は僕に〇〇高校を受けるなと言った」というように生徒に受け取られ，保護者の方からは「家では〇〇高校合格のためにがんばろうと話しているのに，なぜ先生は〇〇高校は無理だとおっしゃるのですか」という苦情の電話をいただいたことがありました。

　このときは，生徒に最適の進路を教師が決めなければいけないという思い込みをもっていたように思います。考えてみれば，これは傲慢な考え方です。

　当たり前ですが，生徒の進路＝人生は生徒のものであり，教師のものではありません。進路は，最終的に生徒と保護者で決めていくべきものです。

　教師は，生徒と保護者がいろいろな情報に当たった上で総合的に判断し，納得して進路を選択していけるように資料やデータを示す，いわば受験データベースとして機能すればよいのです。

2 合否の予想はデータに語らせる

　各中学校には，その学校が蓄積してきた過去の合否のデータをもとにした指導点（内申点とテストの点数と両方）があるはずです。面談は，生徒の志望する高校の過去の合否データとその生徒のもっている内申点及び実力テストの点数を見比べて行いますが，たとえ指導点と実力テストの点数に開きがあっても，「絶対合格」あるいは「絶対不合格」と言ってはいけません。

　と言うのも，昨年度は合格した点数であっても，志願者倍率が違えば，合否の結果が違ってくるからです。極端なことを言えば，定員割れを起こした学校・学科であれば，たとえ指導点を大幅に下回る点数しかなくても，合格していくこともあるのです。

　だから，教師が安易に合否を判定してはならないのです。

　とは言え，生徒や保護者は合格するかどうかを知りたいので，当然，「今の点数で，どうですかね？」という質問が出てきます。経済的に私立高校に進学させることができないからどうしても公立高校に進学しなければならないという家庭もありますから，こういう質問は必ず出てくるでしょう。

　そんなときに，教師の予想や推測で話をするのではなく，データをもとにして，データに語らせることが大切です。教師の主観をなるべく排除して話をするのです。例えば，「あなたの今回の実力テストの点数を，昨年の一般入試本番で取ったとするね。そうすると，昨年10人受けに行ったうちの3人目に来るから，去年なら合格しているね」というように話すのです。あるいは，「過去，〇〇高校を受験にしに行ったこの中学校の生徒の中で，君の内申点で合格した生徒はいないね」というように話すのです。

　ただし，必ず「ただし，今年は今年で倍率がどうなるかわからないから，はっきりと受かるとか落ちるとは言えないよね。今からできるのは，とにかく点数を取ることでしょ。倍率に関係なく，ダントツで合格するような点数が取れるように，勉強がんばるんだぞ」というように，合否をはっきりと予想することはできないということを告げることを忘れてはいけません。

3 進路指導の原点を忘れない

　ここまで，目の前の高校受験でどの高校を志望するかということについて，テストの点数や内申点をもとに指導する際に留意することを述べてきました。
　しかし，忘れてはいけないのは，「どの高校に進学するのか」ということを進路指導の目的にしてはいけないということです。あくまでも，「その高校に入学して何をするのか」「高校卒業後どうなっていたいのか」ということを大切にして面談・指導をしていくことが大切です。
　高校進学はゴールではなく，ゴールに向かう過程であるということを，まずは教師がしっかりと意識して面談に当たることが大切です。何を目的としてその高校に進学するのか，そこのところを常に生徒に問い続けるのです。
　この視点があれば，面談における声のかけ方がぶれることはありません。たとえ生徒が迷っていたとしても，「そもそも，君はなぜ〇〇高校の△△科に進学したいの？」という原点に帰って考えさせるのです。

4 生徒が志望校を決めたら，あとは励まし続ける

　生徒が迷っている間，あるいはあまり深く考えていない状態のときには，生徒に多くの情報を与え，進路についてよく考えさせることが大切です。
　しかし，生徒が一旦腹をくくって志望校を決めたら，あとは生徒を迷わせるような話はしません。生徒が腹をくくっているのに，その決意を鈍らせるような話をし，生徒に無用の不安を与える必要はないからです。
　生徒が志望校を決めたら，あとはひたすらどうやったら点数を取れるか，具体的なアドバイスをします。例えば，富山県の県立高校一般入試の数学は，最初の10問が単純な計算問題になっています。そこで，最初の10問のどこを落としているのか，例えばその中で式の変形ができないのならば，受験用のテキストのどのページを徹底して解けばいいかを確認するといった具合です。
　生徒が志望校を決めたら，あとは具体的に点数を取るアドバイスをし，励まし続けるのです。

涙と笑顔の卒業式と最後の学活
～一人ひとりの生徒にエールを送る～

> 🔑キーワード 感謝　希望　心尽くし
> 義務教育最後の1日として，卒業式の日は，生徒にとって大きな節目となる特別な1日です。そんな特別な1日が，生徒にとって忘れられないものになるように，生徒の気持ちが高まるような準備を，手間と気合いを惜しむことなく行っていきます。

【3月の集団づくりのポイント】

　1年間の学校行事で一番大切な行事，それが卒業式です。義務教育最後の登校日であり，これまで一緒に過ごしてきた同じ校区の仲間とお別れし，一人ひとりが自分の道を歩み始める，生徒にとって大きな節目となる特別な日であると思います。

　そんな特別な日を，生徒たちが晴れやかな気持ちで迎えられるように指導したいと思うのは，教師として当たり前のことだと思います。

　大切なのは，生徒たちが

感謝の気持ちと未来への希望

をもって卒業できるようにすることだと思います。

　そのためにも，1月・2月に引き続き，今この仲間と過ごす日々を愛惜して過ごすという意識を生徒がもち続けられるように声をかけていきます。

　もしかしたら人生で最後の卒業式，そして最後の卒業担任になる生徒もいるかもしれません。そう考えると，やはり，最後の学活は特別な時間として，心尽くしの「最後の授業」を行うという気持ちで臨まなければならないと思います。「おまえたち，これから先もがんばれよ！　先生は，ずっと君のことを応援しているよ！」という気持ちを込めて最後の学活を行うのです。

感謝の気持ちと愛惜の念をもって卒業式に臨むために

　生徒にとって大きな人生の節目になる卒業式ですから，いろんな方に支えられて今の自分があるということを生徒自身に意識させ，これから先もがんばっていこうという気持ちをもたせたいものです。
　そのために，いろいろと仕掛けていきます。

1　教科担当の先生方に感謝の気持ちを表す

　2月の終わり～3月の初めから，各教科の最後の授業が行われていきます。その予定を生徒に知らせ，最後の授業の終わりの挨拶で，学級を代表して1人の生徒に教科担当の先生に対して感謝の言葉を述べさせます。
　この代表生徒には，学級の委員長などではなく，その先生に一番お世話になったか迷惑をかけたかした生徒を選びます。そのほうが心のこもったコメントができるようです。
　そして，最後に，全員で心を込めて挨拶をするように指導します。
　このように，1時間1時間，「最後の授業」を意識することで，別れの時が近づいてきているということをひしひしと感じさせるのです。

2　「人生最後の○○」を意識させる

　何かにつけて「人生最後の」という枕詞を付けて話すようにします。
　「人生最後の技術・家庭科の授業」「人生最後の美術の授業」「人生最後の音楽の授業」「人生最後の道徳の授業」「人生最後の給食」「人生最後の合唱練習」などと，「人生最後の」という枕詞を付けることで，学校生活の中のありふれた時間が，中学校を卒業したらもう二度と体験できない時間であることを意識させます。
　だからこそ，1時間1時間を大切にしようと話すわけです。

3 中学校生活の中でお世話になった方に手紙を書く

　これは，学活を1時間使って行います。自分がお世話になったと思う先生3人以上に，感謝の気持ちを表す手紙を書かせます。

　ただし，すぐに手紙を書かせるのではなく，3年間お世話になった先生をすべて黒板に出していきます。「1年生のときの学年の先生の名前を全部出して下さい」「2年生のときは？」などと生徒たちと問答しながら黒板を埋めていくのです。すると，自然に1・2年生のときの担任の先生の話題で盛り上がります。今だから言える話なども飛び出したりして，とても和やかな時間になります。また，用務員の方の名前や校長先生，教頭先生の名前も挙がってきますから，それらの方々がいかに生徒たちの活動を下支えして下さっているかということを教師のほうから説明します。

　このように，最初に生徒たちと問答することによって，生徒は中学校生活3年間を振り返るとともに，多くの大人に支えられて学校生活を送ってきたことに気付くのです。

　1時間では手紙を書き切れない生徒が出てきます。そこで，手紙の回収日を決めておきます。そして，すでに進路の決まっている生徒たちを集めて，先生ごとに分けて封筒にまとめてラッピングし，卒業式の前日に先生方に渡してくるように指示します。

4 保護者への手紙を書く

　これも，学活を1時間使って行います。

　「義務教育を終えるにあたって，親御さんに感謝の気持ちを込めて手紙を書きます」と宣言すると，生徒たちは「えー，まじかよー」「恥ずかしくてそんなの書けないし」というような反応をすると思います。

　思春期で，親に反抗したい年頃であることを考えると，そういう反応をするのも無理のないところだと思います。そこで，次のように話し，教師自身が自分の親に宛てて書いた手紙を紹介します。

「確かに，親御さんに対して正面切って『今までありがとう』と言うのが恥ずかしいというのは，わかる。しかし，中学校卒業という節目には，きちんと親御さんに感謝の気持ちを表しておくべきだと先生は思う。正直に気持ちを伝えることは恥ずかしいことなんかじゃない。先生も親への手紙を書いてみたから，聞いて下さい」

そして，以下の手紙を読み上げます。この手紙は，担任が，真剣勝負で書いた手紙であることが必須の条件です。他人の手紙を読み上げても，何の意味もありません。担任が本気で書いた手紙であることが，生徒の心を動かすのです。担任の本気度が生徒に伝われば，生徒たちは素直に感謝の手紙を書き始めると思います。

お父さん，お母さんへ
前略。突然こんな手紙を渡して，びっくりしたことだろうと思います。僕のあなた方に対する思いを，きちんと伝えておかなければならぬなと思い，この手紙を書きました。本当は，父さんが生きている間に，書かなければいけなかったのですが……。
今の僕があるのは，父さん，母さん，あなた方のおかげです。
母さん，あなたは，僕を愛してくれました。いや，今でも愛してくれていますね。弱虫で臆病な僕を，いつも励ましてくれました。あなたは，自分が熱を出して倒れそうなときでも，僕の食事を準備しないことはありませんでした。僕が保育園に通っていた頃，あなたは准看護婦から正看護婦になるべく，三交代制で不規則な仕事の時間の合間を縫って，富山の看護学校まで通っていました。そんな大変なときでも，「ごめんね，純，お母さん，今から学校があるから，ご飯は温めて食べておいてね」と言って，自分のことよりも僕のことを考えてくれていましたね。でも，謝るべきなのは僕のほうでした。忙しい中家事の一切を行っていた母に対して「冷たいご飯かよ，今日はまずいなあ」などと思っていたのですから。大学時代には，ほとんど家には帰りませんでした。何の連絡もせず，突然友だちを連れて家に帰ったときも，嫌な顔一つせず，食事，風呂，寝床の世話まで，すべてしてくれましたね。働き始めてから，十一時，十二時に帰ってくる僕の帰りを，必ず起きて待っていて，食事の準備をしてくれていました。（以下略）

生徒には，手紙を書いたら封筒に入れて名前を書くように指示し，内容は先生のほうでは一切チェックしないと伝えます。手紙は，卒業式当日，保護者の方が受付で受け取り，式の前に読むことになるということも伝えます。

5 道徳授業で卒業式の意義を考える

近年，私が3年生を担任したときには，2月後半の道徳授業で必ず取り上げるネタがありました。それは，『中学校編　とっておきの道徳授業Ⅲ』に収められている桃﨑氏の授業「卒業式を考える」です。

卒業式と式典の意味を教えた上で，礼儀と感謝の気持ちをもって式に参加しようとする態度を育てるための授業です。この授業をしておくかどうかで，生徒の卒業式に臨む態度に明らかな違いが出てくると思います。

本当は，『とっておきの道徳授業』に当たっていただければいいのですが，私が追試した授業実践を以下に紹介しておきます。

◆ 道徳授業『卒業式を考える』実践例

(1) 導入

「カウントダウンカレンダーによると，みんなが卒業するまでの日数は，○日になったねー。早いもんだ。今日は，みんなにとって中学校生活最後にして最大の晴れ舞台である，卒業式ってものについて考えるぞー」

(2) 展開

① 「卒業式って，普通世間一般では，『卒業○○○○（漢字四字）式』って言うんだけど，○○に入る言葉わかる？」「そうだね，『証書授与』だね。高校なんかもみんなそうじゃないかな」

② 「では，問い。式の中では卒業証書が授与されますが，義務教育の卒業証書は必ず全員に授与されるものである。○か×か。ワークシートに書きます」（ワークシートに○ or ×を記入）

この部分は，桃﨑氏のやった通りにやればいいと思います。結論から言うと，学校教育法施行規則第58条に「校長は小学校の全課程を修了したと認めた者には，卒業証書を授与しなければならない」とあり，中学校にもその法規が準用されるので，学校長が認めない者には，授与されないということになります。なお，この場面，いわゆる赤本（富山県教育者必携。教育関連の

法規集です）を教室に持っていって，該当箇所を開いて読み上げてやるというパフォーマンスがあればよいかと思います。以下，桃﨑さんの語りをそのまま引用しておきます。

「『卒業』とは，『学校の全課程を履修し終える』ことであり，その証として『校長』は『卒業証書』を『授与』しなければならないのです。『証書』というのは，『事実を証明する文書』です」「卒業証書は公文書であり，極めて重要な事実の証明なのです。ですから，厳粛に式典を行い，『授与』されているのです。式典や儀式は，『一定の規則に従って行う作法』です。そこには伝統的に安定した型があります」

この場面，「証書授与」という言葉はすぐに出てきました。ただ，ワークシート①への記入は全員が○でした。そこで，おもむろに校長先生からお借りした赤本を取り出して該当の条文を読み上げ，校長先生が認めないと授与されないんだから，答えは×だと説明したら，みんなびっくりしていました。そして，卒業証書を授与されるということの重みを感じたようでした。

③ 「卒業式に，先生方はどんな服装で式に参加するでしょう」（ワークシートに記入）

上記したような厳粛な式であるから，参加者は全員『礼装』で参加し，卒業生に対して服装でも礼を尽くすのであると確認します。

ここでは，「袴」「正装」「スーツ」「タキシード」「自由」などという答えが出てきました。校長先生は燕尾服を着用されるということも話しておきました。

④ 「では，卒業式ではどんなことが行われますか。思いつくだけ書きましょう」（ワークシートに記入）

昨年度までの卒業式を思い出させるための発問。書かせて発表させた後，「卒業式実施計画」の「式次第」を配布します。ここで，入場する順，退場する順に着目させ，3年生が来賓の方よりも後に入り，真っ先に出て行くことの意味を語り聞かせます。

ここは，生徒から式次第に書いてあることがほぼすべて出てきました。

この場面で一番印象に残ったのが次のやりとり。「式の最初は何や？」「入場行進！」「おいおい，うちのクラスだけ『イチ，ニ，イチ，ニ』って，運動会みたいに入るか？」（大笑い）。「先生，卒業生からの言葉って何て言うが？」「在校生のは，卒業生を送る言葉だから，送辞。卒業生のは，その言葉に答える言葉なんだよね。ということは？」「！　こたじ？」「（笑）いやいや，答辞(とうじ)やろ」。

⑤　「先生や後輩，地域の方々はどんな準備をしますか。思いつくだけ書きましょう」（ワークシートに記入）

　卒業式をするために，どんなに多くの人々が準備に関わっているかを知り，その準備がすべて３年生を祝福してやりたいという気持ちから出ているということを感じ，ありがたいことだと感じさせるための発問です。生徒に書かせるだけ書かせて，班単位で意見交流させた後，「卒業式実施計画」中の「前日までの諸係・当日の諸係」と「分担」を配布し，ざっと目を通させて，いくつの仕事があるかを確認します。

　実際の授業では，４人班になって意見交流した後，各班にいくつのことを思いついたか発表させました。最高の班で17，最低の班で5でした。ちなみに，「前日までの諸係」には31の仕事分担がしてあり，「当日の諸係」には21の分担がしてありました。ということで，書面上だけでも全部で52の仕事があるのだと伝えました。生徒たちは，仕事の多さと，関わる人の多さにびっくりしているようでした。

⑥　野口芳宏先生の文章を読み聞かせ，卒業式にふさわしい態度を考える

> 　卒業生として呼名された折に，手を挙げて「ハーイ」とはしゃいだ声で返事をした女子生徒が３人ほどいた。その子たちはにこにこと軽やかな足取りで式場を歩き，着席するとすぐに隣の子に話しかけた。それは，厳粛な式典の場にひどく不似合いであり，式典のなんたるかを知らぬ哀れささえも漂わせていた。もう何年も昔の光景だが，今も忘れられない。
> 　　　　　　　　　　　　　　　　　　　　『卒業証書授与式考』より

ここでの語りは，桃﨑さんの原実践に習えばいいと思います。以下，引用しておきます。

「最近は二十歳になった新成人でも，成人式の挙行中に会場で，奇声を上げたり，クラッカーをならしたりすることが毎年報道されています。きっと中学生の頃，卒業式の意味などを考えていれば，そんなことをすることはあり得ないと思いました」

(3) まとめ
○各自が，今日の授業を通して考えたこと，学んだことなど，感想をまとめる
生徒たちは以下のような感想を書きました。

・今日の授業で，僕は，卒業式のイメージがちょっと変わりました。全員が卒業証書をもらえると思っていました。でもそれは違っていて，1年間で一番大切な行事だということがわかりました。だから，服装もしっかりしていることがわかりました。卒業式は自分たちが主役だから，最後まで気を引き締めないといけないし，みんなで集まる最後の日になるから，大事な日だと思いました。5年後に会うときに笑って会えたらいいなと思いました。

・僕たちの卒業式のためにたくさんの人たちが卒業式を準備しているということがわかりました。また，卒業式は入学式と違い，とても厳粛な式だというのも学びました。そういった中で卒業するのはとても嬉しいことだと思いました。準備をしてくれた人のためにも僕たちは，立派に卒業しなければならない義務があると思いました。

・たった1日だけの行事なのに，卒業式をするためにたくさんの人やものが関わっているんだなと思いました。だから，そういった人たちのためにもこの卒業式をしっかり受け止めたいです。卒業まであと少しなので，中学校生活をしっかりと送っていきたいです。

卒業式の練習に真剣に取り組む

　3年生だけで行う卒業式の練習を、いかに締まった雰囲気で行うか。それが、いい卒業式になるかどうかの分かれ目であると思います。ただ、3年生にとっては中学校生活最後の晴れ舞台である卒業式の練習を、怒鳴りつけて静かにさせるような雰囲気では行いたくないところです。

　そこで、卒業式に向かう心構えをつくるような働きかけをします。

　と言っても、教師自身が、生徒たちのために本気でいい式にしたいと思っているというその思いを前面に出して指導を行えば、それがそのまま生徒たちの心に響くように思います。

1 有限の時間を愛惜する念を学年で共有する

　私の住む地域の学校では、県立高校一般入試の2日目（午前中に英語と数学の2教科のテストがあります）の午後、3年生は学校に集まってきて卒業式の練習をします。

　生徒たちは、受験を終え、開放感いっぱいで実に晴れ晴れとした顔で学校に帰ってきます。仲間との話も弾みます。卒業式の練習直前までは、とても和やかで温かい時間が流れています。

　ただし、このままの雰囲気では、締まった練習はできません。

　そこで、卒業式の練習の最初に、以下のように話をします。

　まずは、県立高校の一般受験をしてきた人たち、お疲れ様でした。2日間にわたって、ずいぶん疲れたでしょう。また、学校に残って環境整備をしてくれた人たち、本当にありがとう。君たちのおかげで、教室も、廊下も、オープンスペースも、ピカピカになりました。

　さて、ここに来る前、残留組の人が受験から帰ってくる人を迎える様

子を見ていて，とてもいいなと思いました。「おかえりー」「お疲れー」などなど，実に温かい言葉をかけていました。その後わいわいおしゃべりしている様子を見ていても，みんな実に楽しそうでありました。僕は，その様子を見ていて，何だか，ジーンとしました。ああ，いい集団になったな，きっと今，みんな，3年間の中で一番楽しいと感じているだろうなと思いました。

　でも，このメンバーで一緒に過ごすのは，あと3日だけです。あと3日して卒業したら，中学校には戻ってこれないのです。このメンバーで集まることは二度とないのです。そんな3日間を，大切にしていこう。同じ3日なら，いい3日間にしようよ。みんなで協力して，最高の3日間にしようよ。

　そして，このメンバーでつくり上げる最後の行事，卒業式を，立派なものにしようよ。みんな，疲れていると思います。だけど，先生方は，みんなに立派な生徒として卒業していってもらいたいと思っています。だから，みんなにわざわざ集まってもらったのです。先生たちは，みんなが立派な卒業式をつくり上げることができるよう，アドバイスしたり，細かなことを教えたりしたいと思っています。

　ぜひ，みんなでがんばって，すばらしい卒業式をつくり上げましょう。

　これは，教師が心を込めて語るところです。特に，3段落目が大切です。時間が限られている，だからこそ愛惜の念が生まれ，今この時間を大切にしようという思いになるのです。

2 教師の気合いを声で示す

　おそらく、多くの生徒にとって、自分の名前が呼ばれ、自分自身が壇上に上がって卒業証書を受け取るという体験は、中学校の卒業式が最後になります。大人数の中で自分が主役になる瞬間が訪れる体験として考えても、その後の人生の中でそうない機会だと言えます。
　だからこそ、呼名に対して凛とした返事をさせて、胸を張って卒業証書を受け取ってほしいものです。
　そこで、次のような語りをし、呼名に対する返事の実演をします。

> 　「はい」という返事、凛とした、「人生で最高の返事」をしなさい。と言うのも、この返事を通して、君を見に来ている親御さんに対して「僕はここにいるよ！」「僕は15年間でこんなに成長しましたよ！」という存在証明をするという意味があるからです。君の15年分の人生を、成長を、返事に込めなさい。先生は、昨日の練習での呼名で「人生で最高の呼名」をしました。君たちの、大切な節目を飾る呼名だもの、僕だって真剣勝負です。ただ、むやみやたらにでかい声を出せばいいというものではありません。先生が手本を示します。（主任に呼名していただき）「はいっ！」……どうですか。今の返事に、僕は僕の42年の人生を込めました。今の返事が、僕の生き様そのものです。君たちも「人生で最高の返事」をしなさい。

　この場面でも、教師の気合いを前面に押し出して、生徒たちと勝負するくらいの気持ちで語らないと、生徒たちの心には響きません。教師も、本気になることです。

生徒一人ひとりに宛てた手紙を書く

　私は，卒業式で一人ひとりの生徒へ手紙を書いて渡すようにしています。一人につき30分から１時間程度の時間をかけて書きます。書く内容は，①その生徒のいいところを２つか３つ，②ここを直したらいいのではないかという点を１つ，③明るい前途の祈念といったところです。これはなかなか大変なのですが，卒業の餞として，私自身の人生の時間を30分〜１時間，その生徒のためだけに使ってやろうという思いで取り組みます。

　この手紙は，ワープロソフトを使って書いています。以前は，手書きしていたのですが，ワープロで打ったほうが内容的には多くのことを書けるので，今はワープロソフトで打った手紙を印刷しています。

　以前書いたときには，以下のような型を作り，（　）のところに一人ひとりの長所と課題を打ち込んでいきました。

　実際に手紙を書く際の留意点として，男子と女子とでは手紙の書き方を分けることを挙げておきます。

　私は，男子に書く手紙には，「君の課題はこれこれだから，そこをしっかり直すべし」と割合はっきり課題を伝えるメッセージを書きます。女子に対しては，「君は，これこれのことができるようになると，素敵な女性になっていきますよ」というように，やや婉曲的な表現を用います。男子に対してはマイナス面をズバリと指摘するけれども，女子に対してはやや気を遣いながら書くという感覚です。これは，私が男性教師であるからそういう意識が働くのかもしれません。

　私は，男女によって，このような書き方の違いを意識したほうがよいように思います。そのほうが，最後に生徒に送るメッセージが，誤解なく，うまく伝わるように思います。

2 さて、そんながんばり屋の○○さんだったのですが、○○さんがさらに成長するために、僕なりのアドバイスを書いておきます。

○○さんは、よくプチ遅刻をしたり、保健委員会の仕事を忘れたりするような、だらしないところがありましたね。僕は、君が、悪気があって、そういうことをしていたのではないと思う。むしろ、「しまった、今日も遅れてしまった！」「あ、そういえば、健康観察簿の仕事、忘れていた！」とか、結構反省していたのではないかと思います。まあ、人間、誰にだってミスはあるものです。だから、ミスをすることはドンマイです。また、ミスを素直に反省する心をもっていることは、素敵なことです。ミスをしても、素直に反省できれば、ミスを生かして自分を成長させることができますからね。

ただし、反省したら、同じことを繰り返さないように、強い意志をもって行動・実践に移していかないといけないですよね。君は、その部分が弱いんだな。厳しいことを言うようだけれども、結局、自分に甘いんですよ。○○さん、もっと自分に厳しくなろうよ。君は、自分を成長させる楽しみを知っているはずだ。反省することの苦い味を知っているはずだ。あとは、自分に厳しく、日々の行動を自分で律していくことです。君のその甘さが、君の成長を妨げているんです。もったいない！君は、もっともっと成長できるよ。少なくとも、僕はそう思っています。ぜひ、自分に厳しくなって下さいね。

もう一つ、もっともっと自分に自信をもって、人とコミュニケーションをとってください。君の考えていることは、すばらしい。道徳の感想などを読むと、君がこのクラスで一番大人に近い考え方をしていたんじゃないかと思いますよ。今までの君は、間違いじゃない。もっと、胸を張って、自分をさらして下さい。大丈夫、君は、十分に立派な心をもっていますよ。それは、僕が保証します。

勝手なことばかり書きましたが、僕の○○さんにさらに成長してほしいという思いがこれを書かせているということに免じて、許してやって下さい。

最後に、体に気をつけて（健康第一、何事も体が資本ですよ）これからも成長を続けていって下さい。○○さんの未来が、明るく希望に満ちたものになるよう、祈念しております。

それでは、元気でね。

3 ○○○○様

平成二十六年三月十六日　自宅居間にて

海見　純

メッセージの型

前略、○○さん、この一年間、○○さんと同じクラスで過ごすことができて、僕は幸せでした。本当に楽しかったです。すてきな時間をありがとうございました。

さて、ここからは、僕が○○さんの課題だと思うことを書きます。もしかしたら、気を悪くするかもしれませんが、僕の最後の言葉だということに免じて我慢して読んでやって下さい。

（　　　）

最後に、体に気をつけて（健康第一、何事も体が資本ですよ）、これからも成長を続けていって下さい。○○さんの未来が、明るく希望に満ちたものになるよう、祈念しております。

それでは、元気でね。

平成○○年○月○○日　自宅にて

　　　　　　　　　　　　　　　海見　純

　　　様

1

前略、○○さん、この一年間、○○さんと同じクラスで過ごすことができて、僕は幸せでした。本当に楽しかったです。すてきな時間をありがとうございました。

○○さんは、一見物静かでおしとやかな中にも、自分の中に強い思いや芯をもった人でした。運動会の衣装係長のときの仕事ぶりがそうでしたね。自分の中に確固としたアイディアがあり、それをどうしても具現化したいという強い思いをもって活動に取り組んでいました。あのときの君の活動ぶりから、僕は、○○さんが、自分なりの理想をもって活動に取り組んでいることを知り、「ああ、○○さんは、外見はおとなしそうに見えるけれども、内面には、熱い思いをもっているんだなあ」と思い、嬉しくなりました。僕は、そんな○○さんが大好きでした。また、卓球部の活動も、がんばっていましたね。こちらも、無駄話をせず、黙々と練習に取り組んでいました。あんなふうに、一生懸命に練習に取り組む姿、僕は素敵だと思います。市民体育大会での結果は残念だったけど、○○さん、人生、結果がすべてではありませんからね。結果が出るまでにどのように活動に取り組んできたか、その過程こそが大事なのです。僕は、○○さんが一生懸命に取り組んできた中で、「努力することの楽しさ」「自分を成長させることの楽しさ」を学んだのではないかと思います。そして、それは、卓球以外の場面でも、生かせる学びであると思います。

最後の学活を構想する

　最後の学活は，教師の心尽くしの，生徒に対する餞の特別の時間として構想するのがいいと思います。
　「こういうやり方でないといけない」という定型はありません。ただ，最後の学活は「最後の授業」であるということを念頭に置き，授業であるからには何かねらいをもって構想しなければいけないのではないかと思います。
　最後の学活には，おそらくすべての生徒の保護者も一緒に参加するはずです。すべての生徒と保護者が教室にそろう機会など，入学式と卒業式以外にはないのではないでしょうか。やはり，最後の学活は特別な時間なのです。
　保護者もすべて参加すると考えると，生徒だけではなく，保護者にも伝えておきたいことをねらいにするのがよいと思います。せっかくすべての生徒の保護者がそろうのですから，保護者の方にも授業に参加していただきます。そして，親子ともども，思い出に残るような時間にするのです。
　次ページに，私が実践した最後の学活の指導案と実践報告を兼ねた学級通信を紹介しますので，参考にしていただければ幸いです。
　なお，次ページの実践のように，生徒が何かサプライズ企画を準備していて，思うように授業が展開できないという嬉しい誤算も，往々にしてあるものです。そんなときは，慌てず，生徒たちの心尽くしの感謝を正面から受け取り，生徒たちのつくる素敵な時間を楽しめばいいのだと思います。

3年6組学級通信

純　魂
（じゅんたま）

第145号　　　　3月27日　発行者：海見　純

All you need is love.

　上記のタイトルで、卒業式当日の学活用に学級通信を作ろうと思っていたのですが、結局そんな暇もなく、今頃最終の学級通信を出すことになってしまいました。当然、生徒にも保護者の方にも読んでもらう当てはないのですが、自分自身の卒業式最後の学活の実践報告として、これを書きます。

　さて、卒業式当日、式を終えて職員室で一休みし（生徒が教室でいろいろと仕込みをしなければいけないでしょうから、すぐに教室に行ってはいけないのです）、卒業証書と一人一人に宛てた手紙と「さくら」「チェリー」の歌詞を印刷したプリントとギターとを持って教室に向かいました。僕の頭の中では、最後の30分の学活の使い方は、おおよそ次のように組み立てられていました。

卒業式当日の最後の学活のもち方（案）

1　目的
・生徒が自分自身の3年間の成長を認め、未来に向かって明るい気持ちで旅立てるようにする。
・生徒が保護者の方に支えていただいた15年間に思いをはせ、感謝の気持ちをもてるようにする。

2　30分の使い方・留意事項
・おそらく、生徒の方で何か企画をしているだろうから（卒業式の週になってなぜか教室にキーボードが登場していました）、その時間を10分と考える。
・時間厳守。在校生を無駄に待たせるようなことは厳に慎む。
・授業であるから、いつも通り、教室にいるものが全員参加できるようにする。つまりは、保護者の方にもこの授業に積極的に参加していただく。
・この学活の主役は、生徒と保護者であり、自分は脇役であると心得る。

3　予想される展開と予定
　たぶん、僕が一通りやることを終えてから、生徒たちのイベントが始まるだろうから、最初の20分で自分のやるべきことをすべて終えればならぬ。ということで、以下のような展開を考える。
① まずは、卒業証書と一人一人に宛てた手紙を手渡す。手紙については、「一人一人に言葉をかけてあげたいけれども、その時間もないから、事前に一人一人に贈る言葉を書いておいた。」というようなことを言って渡す。【5分】　※　手紙の実物コピーは裏面。
② 保護者の方へのお祝いの言葉。簡潔に。【2分】
③ 生徒に対するはなむけの歌『チェリー』。「一人一人に贈る言葉は手紙に書いたし、全体に対して言うべきことは、この1年間ですべて言ってきた。だから、はなむけの言葉はない。代わりに、歌でつづる学活にしたい。」と言い、「卒業生に贈る歌。『チェリー』」と宣言して弾き語りする。【3分】
④ 生徒に親の愛のありがたさと、親への感謝の気持ちを感じさせる。「保護者の方も学級通信を通してご存じの通り、僕の授業は、全員参加を旨としています。そこで、保護者の方にもこの授業に参加していただきます。」と宣言し、自分の子どもの隣に行ってもらう。「では、保護者の方、子どもの手を取ってやってください。全員目を閉じます。さて、生徒諸君、いま、君たちの手を取っているその手が、君たちを15年間ずっと導いてきたのである。その親御さんの指一本をやっとつかめるようなときから、今まで、ずっとである。さっき、僕は君たちに手紙を書くために、僕の人生の30分の時間を一人一人に贈ると言った。でも、そんなのはたいしたことではない。今諸君の

第9章　3月　涙と笑顔の卒業式と最後の学活

　　　　手を取ってくれている親御さんは，１５年間，君たちのために一生懸命に働き，君たちを養ってきたのである。ありがたいことである。しかるに，そんな親御さんに向かって，『飯がまずい』だの，『何で起こしてくれんかったん』だの，『勉強勉強ってうるさい！』だの，君たちはさんざんなことを言ってきただろう。ひどいことである。そういうことを悪いなと思ったり，いろいろ面倒を見てくれてありがたいなと思った人は，親御さんの手を力を入れて握りなさい。また，ご自分の子どもを愛しているし，愛していくという親御さんは，子どもの手を力を入れて握ってやってください。どうですか。親ってありがたいもんだろう。これからも，親子で手を取り合って生きていくのである。以上，最後の授業終わり！』【７分】
　⑤　　クラス合唱『さくら（独唱）』全員参加で！【３分】
　⑥　　**生徒たちが，何かやってくれるはず。**【１０分】
　　　　１０分もかからないかもしれないが，１０分とっておけば，時間が足りなくなるということはないだろう。早く終わる分には，ドンマイだろう。

　今回は，上記のようなことを紙に書き出していたわけではないのですが，大まかにこんな感じにしようということは決めていたのであります。
　ところが…。教室に行くと，なんと，机が教室の隅に寄せられており，**生徒たちは黒板の前に並んで，僕が教室に入った瞬間からGReeeeNの「遙か」映画「ROOKIES－卒業－」の主題歌）を歌い始めた**ではないですか！おお！うれしいんだけど，予定が…。どうしよう…と考えるまもなく，教室中央の椅子に座るように言われ，生徒たちが歌うのを聞かせてもらいました。聞きながら，「このために，みんなで練習したんだろうなあ，かわいい奴らだなあ。」と思うとこのあとの学活のことなど考えずにちゃんと聞いてやらなくちゃなと思い，「ま，何とかなるだろ。」と開き直って，生徒たちの歌に耳を傾けました。
　さて，歌が終わって，みんなを代表してＳさんから感謝の言葉をいただき，みんなの名札を「３６Ｈスキ」という文字になるように縫い込んだＴシャツと花束をもらいました。「いやあ，ありがとう。こんなふうに歌ってくれるなんて，感激です。本当にありがとう。それじゃあ，みんな，机を元に戻そうか…」と言ったところ，保護者の方からすかさず，「先生，今この状態で写真を撮っておいた方がいいんじゃないでしょうか。」という声がかかりました。僕は「そうですね。じゃあ，写真を先に撮りましょうか。」と応じ，写真撮影タイムになったのですが，これが大変でした。何が大変かって，保護者の人数分のカメラが構えられているので，まるで有名人の記者会見みたいな感じなんです。「先生，こっち向いて！」とか，「先生，生徒からのプレゼントが見えるようにして！」とか，注文がつくし。こちらも，「はい，じゃあ，４カメを見て！次は，１カメ！」などと悪ふざけしているうちに，どんどん時間が過ぎていきました。
　「それじゃあ，机を元に戻して学活をしよう。」と言ったときには，残り１５分くらいになっていました。ううむ。実質１５分か。「とりあえず，『チェリー』はなしだな。」と時計を見ながらかんがえ，上記の予定①から順番に授業を展開していきました。
　①では，全員の卒業証書を配り終えないうちから，手紙を読んで泣き始める生徒がおり，よしよしと思いつつ②，④と進めていきました。④では，僕の語りの途中から，保護者の方が涙を流され，それにつられるように生徒も涙を流す，涙涙の展開になりました。保護者の方・生徒ともに，親子のつながりを感じるいい時間になったのではないかと自画自賛しております。⑤では，歌詞を印刷したプリントを配ったため，皆さん，一緒に歌ってくださっていました。とても温かい雰囲気に教室が包まれた感じがして，大変よかったと思います。

　総じて，いい学活だったのではないかと思います。しかし，この３０分の学活の雰囲気は，一朝一夕に出来たものではありません。この１年間の，いや，この３年間の，いやいや，義務教育９年間の，この学年に対する教育の成果として，ああいう涙涙の学活が成立したのだと思います。

　新年度はまた一からスタートを切って，上記以上に素晴らしい学活が出来るような生徒・クラス・学年を育てていきたいと思います。
　皆様，来年度も，よろしくお願いいたします。

第10章 1年間を生き延びるコツ

> 🔑キーワード　報連相　事務仕事　即今着手　教室環境　信念
>
> 実は，当たり前のことを当たり前に行っていくことこそが，1年間を生き抜いていく上で大切なのではないかと思います。私が考える，これだけは外してはならない「当たり前」を紹介します。

　3年生の1年間は，行事にテストに事務仕事に追いまくられるようにして過ぎていきます。そんな中でも，教師が気持ちを安定させて1年間を乗り切るために大切なことを以下にいくつか紹介します。

1 何をするにも報連相で共通理解を図る

　どの学校でも，報連相（報告，連絡，相談）の重要性は口酸っぱく言われていることと思います。だから，今更そんな当たり前のことを……と思われる向きもあるかもしれません。しかし，それでも，やはり声を大にして（文字を大にして？）書きたいと思います。報連相を徹底することで，学年団，あるいは管理職の先生も含めた職員間の共通理解が図られ，問題を未然に防いだり，チームとして知恵を出し合っての対応を可能にしたりするのです。

　その際，大切なのが，「ちょっと気になるな」と思うことを，即報告するということです。

　例えば，休み時間，いつも一緒にいるAさんとBさんなのに，今日はAさんが一人でトイレに向かっていて，「あれ？」と思う……そんなことはよくあると思います。その「あれ？」を職員室で学年団の先生に報告するのです。

　そうすると，学年団の先生方がAさんとBさんを気にかけて見るように

なり，情報が集まってきます。もしかしたら，他の先生から「あ，実は，その2人，部活のときにね…」というふうに新たな情報が出てきて，すぐに指導に入らなければならない案件であったということがわかる……ということになるかもしれません。

もちろん，「ああ，Bさんは宿題をやっていなかったから，教室で必死に宿題をやっていましたよ」という感じで話が終わることだってあります。

しかし，「あれ？」と思った時点では，そこに問題があるかないかはわからないのです。「あれ？」という違和感を抱いたのですから，何かあるかもしれない，そう考えて報告を上げておくことが大切なのです。

情報というものは，自分一人で抱えているよりも，多くの人と共有することで価値を増すものです。情報をみんなで共有するからこそ，その情報に基づいてみんなで動けるようになるからです。

また，3年生では，進路に関わる指導を行う際には，先輩の先生方に相談することがとても大切になります。進路に関する面談では，生徒の将来に対する希望を聞き出し，一人ひとりの生徒に対して必要な情報やデータを示してやる必要がありますが，一人の力で集められる情報は限られています。そこで，経験豊富な先輩に相談するのです。個人面談の際，どのような言葉を選んで生徒に話をするか，また，懇談会においてどのように保護者に話をするかということも，相談したほうがいいでしょう。

ここで大切なのは，「相談することは自分がものを知らないことを明言するようで恥ずかしい」「相談することで相手の時間を奪って迷惑になるかも」などと思わないことです。相談される先生だって，昔はあなたのようにいろんな先生に相談していろんなことをできるようになってきたのです。また，多くのベテランの先生方は自分のもっている力を若手のために活かしたいと思っています。

常に報連相を怠らないことで，学年団の中で情報が共有され，そしてあなたの中にも新しい情報が蓄積されていくのです。学年団をチームとして機能させるために，こまめな報連相は，本当に大切なことなのです。

2 事務仕事も担任の大切な仕事である
～確実に伝える，期限を守る～

　直接生徒の指導に当たることは楽しいんだけれども，書類に関わる事務仕事は苦手だなあ……という方は多いのではないでしょうか。「子どもを教育することが自分の仕事であって，事務仕事は本来の仕事ではない」と思っている方もいるかもしれません。

　しかし，生徒に提出する書類をもれなく配布したり，期限を守って書類を出すように指導したり，あるいは入試に関わる様々な情報をきちんと生徒に伝えたりすることは，生徒からの信頼感を得るために欠かせないことです。

　特に，中学3年生は，進路に関わる重要な情報や書類がたくさんもたらされます。例えば，進路希望調査をあなたのクラス以外は配っているのに，あなただけ配り忘れたとしましょう。生徒たち，そして保護者たちは，横のつながりをもっていますから，「何でうちのクラスだけ，大切な書類が配られないの？　この先生，大丈夫？」となるのです。大切な書類は共通理解を図って同一歩調をとって配布されるなどということは，保護者はもちろん，生徒たちにだってわかることですから，担任に対して不信感を抱くのは当然のことだと思います。

　実際，抜けの多い先生のクラスは，生徒が先生のことを軽く見るようになっていきます。そして，担任の生徒に対する影響力が下がっていき，学級にまとまりがなくなり，だんだん荒れた状態になっていくのです。

　当たり前の連絡事項を当たり前に伝えていくということが，「この先生の言っていることを聞いておけば大丈夫」という安心感を生徒に与え，その安心感が，信頼関係を築く土台になっていくのです。

　事務仕事を雑務などと捉えることなく，1つの大切な仕事と考え，抜けの内容にメモをとるなどして取り組んでいくことが大切です。事務仕事の抜けのなさが，学級集団づくりをする上で大切な要素なのだと自覚しましょう。

3 ちょっとした仕事は即今着手でいく

「即今着手」とは，読んで字のごとく，「今すぐに，即，手を着ける」という意味です。私は，これが仕事をスムーズに，かつ効率よく進めていくための極意ではないかと思い，常につぶやいています。

具体的に言うと，ちょっとしたアンケート，出張伺い，行事の振り返りプリントなどの，やろうと思えば5分から10分もあればできる仕事は，その場で即手を着けてやってしまうというようなことです。

その昔，私は，5分もあればできるアンケートなのに，後回しにすることでアンケートの存在を忘れ，期日直前になって「あれ，あのアンケート，どこにいったっけ？」と慌てて書類の山をひっくり返してそのアンケートを見つけるまでに20分かかってしまう……，などということがよくありました。

5分あればできることなら，すぐにその場で提出してしまう。特に，行事の振り返りなど，行事が終わった日のうちに書けば，今終わったばかりのことですからよく覚えており詳しく書ける上に，時間も10分ほどで済むのです。

そうすることで，無駄な時間が省かれて効率よく仕事ができる上，机上に書類の山ができることもなく，精神衛生上も非常によろしい……と，いいことづくめなのです。

実は，テストの採点も，生徒のノート点検も然りです。ノート点検をテストのときに集めて1度にしようと思うから，時間がかかるのです。授業ごとでも単元ごとでも，こまめに集めて即評価しておけばいいのです。

こういうことを普段から行っておけば，成績処理が早くなる上に，テストの採点だけに集中できるので採点も手早く終わらせることができるのです。

3年生は，特に後半，事務仕事が多くなってきます。そういうときにこそ，「即今着手！」とつぶやいて，仕事にすぐに手を着けてやり切ってしまうことをお勧めします。

4 教室環境を整える 〜「机を定位置に置きます」〜

「机を定位置に置きます」というのは，「机を定められた位置に戻し，縦横の列をそろえて整然と並べよ」という意味です。私は，いつでも机が定位置にあって，教室が整然とした雰囲気になることを大切にしています。そのため，教室の床には，机が整然と並べられるよう，マジックで床に机の脚を置く位置を書いたり，ビニールテープを貼ったりしています。生徒が机の脚を印にあわせれば，机が縦横そろった状態で整然と並ぶというわけです。

私がこの指導を大切だと思うのは，昔どこかで聞いたか読んだかした，「人間の心は，自分の見ているものに似てくる」という言葉を，ある時点から深く信じるようになったからです。

例えば，職員室の自分の机の状態に，私の心は何がしかの影響を受けます。朝，職員室に入って，私の机が整然と片付けられていると，まっさらな気持ちで「よし，がんばるぞ！」と思えるのですが，机の上が雑然としていると，「あ〜あ，ダメだなあ，俺。昨日ちゃんと片付けていけばよかった」と，心もざわつきます。

環境が人に与える影響力を侮ってはいけないと，私は思います。逆もまた真なりで，心の調子がいいときは，私は楽々と机の上を整理整頓できます。でも，私の心の状態が悪いときは，なかなかうまく片付けができません。繰り返しますが，理屈ではありません。経験上，そうなのです。

ところで，生徒にとって，上記した例の私の机に当たるものは何でしょうか。当然，生徒たちの机，あるいは教室環境全体ということになります。

生徒たちが見る教室の机が，乱雑な状態であるか，縦横がぴしっとそろって整然とした状態であるかは，生徒の心の状態に影響を与えると思います。

だから，私は生徒たちに対して頻繁に「机を定位置に置きます」という指導言を用いるのです。

第10章　1年間を生き延びるコツ

整然と並べられた机をいつでも見ている生徒は，心が落ち着き，規律正しい行動ができるようになってきます。教師がどれだけ口酸っぱく「規律正しく行動せよ」と言ったところで，1日に何回指導できるでしょうか。担任が自分の学級の生徒と接する時間は，教科の授業と朝と帰りの学活，道徳，学級活動，給食，清掃の時間に限られます。いつでも生徒に指導できるわけではないのです。

生徒が学校生活の中で一番長く時間を共にするのは，机さん，イスさん，床さん，教室さん，黒板さん，などなど，人間以外の教室環境の皆さんなのです。教室環境が整然としているということは，教室環境を構成する皆さんが，常に，無言の教育を生徒に対して行っていることになるのです。

だからこそ，教室環境の整備に力を入れるのです。私は毎日，放課後か朝，生徒が登校してくる前に，教室を箒で掃き，黒板をきれいにし，黒板の溝を雑巾で拭き，掲示物の四隅が画鋲で留められているか確認し，ロッカーの私物を片付けて，机を定位置に並べていました。日直の生徒と一緒に環境整備を行うのですが，最終点検は常に自分で行います。

教室環境を整えるのは，規律正しい生徒，そして学級集団づくりにおいて，非常に大切なことであると私は思います。

右に2枚の写真を示しましたが，上が，ある年の1月下旬の生徒が登校する前の時点での教室の状態，下が，教室での1時間目が終わり2時間目の美術に生徒が移動した後の教室の状態です。「机を定位置に置きます」という指導を続けると，最終的には生徒自身が自然に教室環境を落ち着いた状態に保つようになるのだと思います。

信念をもって指導する

　例えば，定期テストにおいて「試験終了後，最後列の生徒が答案を集める間，監督の先生の指示があるまで前を向いて黙ってじっと待っている」という指導を行うとします。

　このときに，「答案を集めるときには鉛筆を置いていて不正のしようがないんだから，話してもいいじゃん」というように思う生徒に対して，どんなロジックで指導をしますか？　そもそも，上記の指導，あなたは行う必要があると思いますか？

　私は，上記の指導は絶対に必要な指導だと思っています。

　と言うのも，高校受験の会場においては「監督の先生の指示があるまで前を向いて黙ってじっと待っている」ことが求められるからです。受験校によっては，同じ中学校の生徒が前後の席で受験することになりますが，そのときに，普段からテストが終わった後おしゃべりを始める生徒は，受験会場でもおしゃべりを始めかねません。仮に受験会場でおしゃべりをしないとしても，いつもと違う静かな雰囲気に戸惑うことになるかもしれません。

　だから，私は，受験本番で生徒が戸惑わずに力を発揮するためには「指示があるまで黙ってじっと待つ」という指導をしなければならないと考えます。

　これは1例であって，学校生活の中には，「普段からやっていれば，いざ勝負というときに平常心で臨める」ということがたくさんあります。言葉遣いしかり，服装しかり，靴箱の使い方しかり，座る姿勢しかり……，挙げていったらきりがないでしょう。結局，普段からいかに規律正しく，礼儀正しく，常識のある行動を指導しているか，そういうことがいざというときに試されるのだと思います。やはり，日常の地道な指導の積み重ねが何より大事だということになるでしょう。そういう地道な積み重ねが，いざ受験，いざ勝負というときに効いてくるのです。行事に受験に，勝負の場面の多い3年

生であるからこそ，普段の指導が大事になるというわけです。
　しかし，上記のようなことを日常的に指導するためには，指導者のほうに，「指導すべきこと」と「指導により目指す生徒像」がはっきりと見えていなければなりません。また，「このことを指導するのには，かくかくしかじかの意味がある。だから，きっちり指導せねばならぬ」という，ロジックと信念がないと，継続した指導にはならないように思います。
　例えば，人から言われて，「そう言えば，挨拶って大事だよな。大きな声で挨拶するように指導しよう」などと思っても指導できるものではありません。人から言われたことは，自分自身で吟味したことではないので，心に刻まれません。「なるほど！」「これは大切だ！」と，腑に落ちるという体験を経ないと，指導は継続できないものだと思います。教師が心から大切だと思っていることでないと，生徒が指導に従わなくても，「まあ，いいか」と，簡単に妥協してしまうからです。
　また，教師自身が心から大切だと思っていないことを指導しても，生徒の心に響かないように思います。と言うのも，これは若い先生によく言うのですが，経験的に，生徒は教師の話の内容は覚えていないけれども，話し方はよく覚えているものだからです。話した内容よりも，その話をする教師の気合いとか熱意とか，そういうものが頭に残るようなのです。大人よりも純粋な分，耳よりも心で聞いてくれているのだろうなと思います。
　結局，生徒を指導する上で大切なのは，教師の信念と，その信念に基づく説得力あるロジックだと，私は考えます。そのためにも，常に「この指導は，そもそも，なぜ，何のために行うのだろう？」と，自分自身でその指導の意味を考え，自分自身が納得できるロジックを考える必要があると思います。
　当たり前ですが，「学校で決まっているから」「学年で決めたから」指導するのではなく，確固とした信念をもって指導するのです。
　その信念こそが，教師の指導に力強さをもたらし，生徒に対しての説得力を高めるのだと思います。

第11章 学級集団づくりチェックポイント20
～チームに育てるための定期点検リスト～

> 学級集団づくりは，そのねらいも評価も曖昧です。だからこそ，「知らず知らず崩れていた」などということが起こります。学級集団がねらうところに向かって育っているかを「定期的」に「共通の指標」で「振り返り」をしましょう。学級集団づくりの成功のためには，定期点検は欠かせません。

1 学級集団づくりにも定期点検を

　生徒たちの学習に関する成果は，定期テストや各種学力調査によって定期的に確認されます。しかし，学力向上の基盤は学級集団づくりだと言われながら，その学級集団づくりについては，何がどれくらいできているかの明確なモノサシがなく，また，それに基づく定期的な確認もなされていません。

　学級が通常に機能していれば，学習面での遅れは，取り戻すことは可能です。学級が機能していたら，教師の投げかけや各種教育技術を起動させることが可能だからです。

　しかし，学級が機能していない場合は，一つ一つの教育活動の遂行が困難になりますから，カリキュラム運営上，かなり厳しい状況に置かれることになるでしょう。つまり，

> 学習の遅れは後で取り戻せる。しかし，学級集団づくりの遅れは取り戻すことが極めて困難である

と言わざるを得ません。

　これまでの学級集団づくりに対する主張に基づき，学級集団づくりが効果的になされているかを点検するチェックリストを作成しました。これを本書で示す5期に分けてチェックしてみて下さい。

2 学級集団づくりチェックリスト

ゴールイメージ

☐ 1 学級集団づくりのゴールイメージがある

　生徒たちと別れるときの学級のゴールイメージがありますか。生徒たちと自分はどんな関係で，生徒たちはどんなことができるようになっていて，学級はどんな雰囲気なのでしょうか。理想の学級の姿がありありとイメージできますか。また，それが言語化できますか。

☐ 2 本気でそのゴールイメージを実現したいと思っている

　生徒たちの行動が変わるのは，「日常指導の積み重ね」によってです。「継続なくして成果なし」です。学級集団づくりは，「やり方」レベルの働きかけよりも，「あり方」レベルの働きかけが重要となってきます。生徒たちの望ましい行動に対する，教師の表情やちょっとした声かけなどを通じた継続的な働きかけが起こってくるためには，教師の本気が必要になってきます。心から湧き立つような願いがないと，そうした指導が生まれてこないのです。

☐ 3 ゴールイメージを生徒たちに何らかの方法で伝えている

　成果を上げるリーダーは，ゴールイメージをメンバーと共有しています。日常的に，生徒たちにゴールイメージを伝え，そこに照らして望ましい行動をほめ，喜び，その逆の場合には，指摘したり，修正を指示したりします。そのためには，ゴールイメージを生徒たちにわかる言葉で，折に触れて伝え，共有することが大切です。

教師のあり方

□ 4 生徒たちの前で，よく笑っている

　生徒たちは教師の感情のあり方に敏感です。生徒たちから見たら教師の表情は天気と同じです。「晴れていてほしい」のです。機嫌の悪い教師から生徒たちはだんだんと離れていきます。中学生，高校生の場合は，反発すら覚えるでしょう。一方，機嫌のよい教師とはつながろうとします。そばにいてほしいと思います。機嫌のよさを表現するには笑顔がもっとも効果的です。よく笑う教師の教室には，生徒たちの明るい笑顔があふれます。

□ 5 普段から自己開示をして，人間らしさを見せ，自分のしてほしいこと，してほしくないことなどの価値観を伝えている

　普段から自分の価値観を伝えておくことは，自分の指導の正当性を高める上でとても大事な行為です。自分の価値観を伝えていくことなく，いきなり叱っても，また，ほめたりしても生徒たちの納得が得られず，それが理解されない事態が起こります。また価値観を伝えるためにも，まずは，教師の好きなことや嫌いなこと，失敗したことや家族のことなどの教師の人となりを積極的に伝えましょう。そうすることにより，生徒たちとの距離が縮まることでしょう。教師の自己開示は，生徒の自己開示を促します。

□ 6 生徒たちのよさに注目し，よくほめる

　生徒たちは教師を見て判断しています。まず，「この人は，自分に関心を向けている人かどうか」です。そして，次に「この人は，自分をプラスと思っているか，マイナスと思っているか」です。生徒たちの価値観は，非常に明確です。自分のことをプラスと思っている人の言うことを受け入れ，マイナスと思っている人の言うことは，拒否するか無視します。

　生徒たちのよさに注目し，よくほめる教師は，自分の指導性を日々高めて

いることになるのです。

☐ 7 叱ったときは，その後でフォローしたり，別なことでその3倍以上ほめたり認めたりしている

　脳内では，ほめる：叱るの量的なバランスが3：1くらいで，主観的には，1：1になるそうです。叱られるほうが感情へのインパクトがあるからです。「1つ叱って1つほめる」では，生徒たちの中では，叱られた印象しか残らないのです。叱ったら叱りっぱなしにしないことが大事です。

　効果がない叱り方は，生徒との関係が悪くなるばかりです。関係が悪くなったら指導はできなくなります。生徒のことをきちんとほめて認める教師が叱ったときに，その効果が表れるのです。

☐ 8 生徒たちの体調や感情のケアをしている

　生徒たちに「あたたかく」接するとは，具体的にどういうことなのでしょう。まず身体面のケアです。風邪を引いた，おなかが痛いなど，本当にしんどいときに，それにしっかりと関心をもってあげることがあたたかさを示すことになります。次に，感情面への理解です。気持ちを理解するということはどういうことでしょうか。気持ちとは，喜怒哀楽などの感情です。不安なときは安心させてやり，喜びを感じているときは一緒に喜ぶなどのことが，生徒たちとの共感的関係をつくります。生徒は，共感してくれる教師を味方だと感じます。

☐ 9 保護者と良好な関係をつくろうとしていて，そのための具体的な手立てをとっている

　保護者の支持は，担任にとって大きな勢力資源です。授業参観，懇談会，学級通信など，あらゆる手段を使って保護者と良好な関係を築くようにします。多くの生徒たちにとって家族は大事です。生徒たちの大事にしているものを大事にする教師を，生徒たちも大事にすることでしょう。

教師と生徒の個人的信頼関係

☐ 10 生徒たちを知ることを楽しむ

　学級集団づくりには，生徒たちとの個人的信頼関係が必須です。ここを抜かして今の学級集団づくりはあり得ません。まず，生徒たち一人ひとりに関心を向けることです。生徒たちのことを知ることを楽しむことです。生徒たちといるときは笑顔で話しかけます。また，生徒たち一人ひとりの関心をもっていることに興味をもって，聞き出すようにすると，生徒たちは教師に関心を向けられていることを自覚します。

☐ 11 生徒たちの話をよく聞いている

　私たちはどんな人を信頼するでしょうか。すごくいい話をする人と，よく話を聞いてくれる人のどちらかと言ったら，後者です。教師は，グッドスピーカーである以前に，グッドリスナーであるべきです。生徒たちの話を聞いた分だけ，教師の話は受け入れられます。逆に生徒たちの話を聞かない教師は，生徒たちに話を聞いてもらえないくらいに思っていていいのです。

☐ 12 1日に1回は，一人残らずあたたかな声をかけている

　かっこよさや面白さは，二の次です。教師と生徒たちの関わりは長期戦です。長くふれ合っているためには，あたたかさが必要です。かっこよさや面白さは，インパクトはありますが，持続性はありません。あたたかさが長く生徒たちを引きつけます。親しみのある表情で生徒の名前を呼び，あたたかく挨拶し，あたたかなひと言をかけます。ほめるべきときはほめたほうがいいですが，無理にほめなくていいのです。「なんか，嬉しそうだね」「ちょっと元気ないね。何かあった？」などと，生徒に関心を示すようにします。

☐ 13 生徒たちの名前をランダムに思い出したときに，思い出せない子がいない

　生徒たちの学級生活において，一人ひとりの居場所が必要です。では，生徒たちは，どこに居場所を見出すかと言えば，仲間や教師との人間関係の中に見出そうとします。しかし，すべての生徒たちが仲間をもてるわけではありません。まずは，教師の中にその子の居場所がしっかりとあれば，その子は，次第に生徒同士の中に居場所を見つけ出そうと行動を始めることができるでしょう。自分の中に生徒一人ひとりの居場所があるかを確かめる方法は簡単です。ときどき，生徒たちの名前をランダムに想起します。スムーズに出てくればまずは合格です。

☐ 14 中間層とつながるための具体的な手立てをもっている

　上のチェック13で，思い出せない子や，いつも後のほうになる子がいた場合は要注意です。教室には，教師の指導が入りやすい「協力層」と呼ばれる子，また，指導が入りにくい「非協力層」と呼ばれる子，そして，その間にいる「中間層」と呼ばれる子がいます。忘れてはならないのは，この中間層がもっとも多いことです。

　「協力層」はほめられることで，また，「非協力層」は注意されたり叱られたりすることで，教師の注目を得ています。しかし，「中間層」は目立たないので教師との関係性が薄くなりがちです。そうした「中間層」とつながる手立てをもち，日常的に実践することが学級を安定させます。

　一人ひとりとつながる方法はいろいろありますが，代表的な方法論は，共通の話題をもつことです。「あの子とは，あのアーティスト」「あの子とは，あのゲーム」のようにです。共通の話題を見つけるには，やはり日常のコミュニケーションや個人ノートで普段からつながっていることが大事です。

生徒同士の関係性と主体性

☐ **15 生徒同士が互いに関わることや助け合うことの大切さや意味を伝えている**

　教師と生徒たちの良好な関係性だけで安定している学級は、集団として非常に脆い構造にあります。教師との関係性が悪くなったら、一気に学級が壊れる可能性があります。教師の指導性を安定させるためにも生徒同士の良好な関係が必要なのです。

　しかし、生徒たちの中には、私的グループがあれば、他の生徒と関わる必要を感じていない生徒もいます。そうした生徒たちに、人とつながるよさや助け合うことの必要性を常々伝えていく必要があります。

☐ **16 生徒同士が知り合う機会が定常的に設定されている**

　関わることや助け合うことのよさを伝えた上で、実際に関わる機会や助け合うような場を設けます。スローガンだけでは生徒たちはつながりません。実際の活動を通して、つながる喜びを体験させます。

　全員が良好な関係になることが理想ですが、発達段階を考えると難しい実態もあります。まずは、生徒同士ができるだけ多く個人的に「知り合い関係」になることです。そのためには、生徒同士が関わる機会をできるだけ毎日設定します。

☐ **17 生徒同士に対人関係のルール、マナーが共有されている**

　生徒たちのつながりが広がるためには、ルールやマナーの共有が求められます。私的グループの中では、「阿吽の呼吸」で生活しています。しかし、大勢と関わるためには、共通の行動規範が必要です。特にコミュニケーションルールの共有は重要です。コミュニケーションのあり方が、その集団の人間関係のあり様を示すからです。皆さんの学級には、生徒たちの間に定着し

たルールがいくつありますか。

☐ 18 生徒同士のあたたかな感情の交流がある

　皆さんの学級はあたたかいですか。一番しんどい思いをしている（学習面，生徒指導面）と思われる生徒の立場から学級を眺めてみて下さい。その生徒が困っているときにどれくらいの生徒が助けてくれますか。また，その生徒が嬉しいときにどれくらいの生徒が喜んでくれますか。一人ひとりが２割以上の味方をもっているならば，一人ひとりにとってあたたかい学級と言えるでしょう。

☐ 19 生徒たちに学習活動や学級活動に進んで取り組もうとする意欲と行動する習慣がある

　一斉指導以外の場面でも生徒たちは意欲的に活動しますか。また，いちいち声をかけなくても，生徒たちは個人学習やグループ学習や清掃などの活動ができますか。学級が育ってくると，教師の細かな指示がなくても自分でたちで判断して行動するようになります。このような学級では，教師に注意されなくてもルールを守り，また，仲間同士で学び合ったり助け合ったりする姿が見られるようになります。

☐ 20 生徒たちが主体的に行動するシステムがあり，それが機能している

　よりよい生活のあり方を願って「イベントをしたい」，「クラスのルールをつくりたい」，「困っているから相談したい」などの声が生徒たちから上がるでしょうか。そうした声を吸い上げるシステムがあり，そのための話し合うような場が定常的に設定されているかどうかです。また，場を設定しているだけでなく，生徒たちがそこで，楽しいことを企画したり，学級生活に必要なルールをつくったり，問題を解決しているかどうかです。こうしたことができる学級を自治的集団と呼びます。

学級集団づくり20ポイントチェック表

できている項目に〇を付けてみましょう。

カテゴリー \ 時期	項目	1期 4-5月	2期 6-7月	3期 9-10月	4期 11-12月	5期 1-2月	GOAL 3月
【Ⅰ】 ゴールイメージ	1						
	2						
	3						
【Ⅱ】 教師のあり方	4						
	5						
	6						
	7						
	8						
	9						
【Ⅲ】 教師と生徒たちとの個人的信頼関係	10						
	11						
	12						
	13						
	14						
【Ⅳ】 生徒同士の関係性と主体性	15						
	16						
	17						
	18						
	19						
	20						
計（ポイント）							

3 いつも自分のあり方を見つめながら学級を見る

　これらのチェック項目に照らして，学級集団づくりを定期的に診断することをお勧めします。学級集団づくりの問題は，長期戦ですから，はっきり言えば，

自己管理の問題

です。いかに安定したリーダーシップを発揮し続けるかということです。でも，そんなに堅苦しく考えないで下さい。ダイエットしている人は毎日体重測定をするでしょう。それなりの年齢になれば，毎年人間ドックに行くでしょう。そんな感じでいいと思います。各期の末日あたりにチェック日を設けるといいでしょう。こうした評価は「定点観測」するように，同じ時期にするのが望ましいです。第１回目の評価は，５月の末日ということになります。３月は，チェック項目による評価とともに，学級のゴールイメージが実現できたかどうかも確かめてみて下さい。

　最後にちょっとした注意事項を申し上げます。ゴールイメージを実現することに躍起になると，ますますゴールが遠ざかります。学級集団づくりは生徒たちとの協働作業です。生徒たちの心が離れてしまったら，ねらいを達成することはできません。カテゴリーⅠ「ゴールイメージ」を達成するために，カテゴリーⅡ「教師のあり方」〜Ⅳ「生徒同士の関係性と主体性」があると考えて下さい。Ⅱ〜Ⅳは，優先順位を示しています。生徒たちのパフォーマンスは当然ながら，Ⅳに見られます。Ⅳの不具合は，ⅡやⅢ，それもⅡであることが多いのです。

　「自分のあり方が，学級のあり方をつくる」ことを自覚するのが，学級集団づくりの成功の第一歩です。

　　　　　　　　　　　　　　　　　　　　　　　　　　　　赤坂　真二

☆あとがき

　近年，つくづく思うことがあります。
　それは，「俺は海見純以外の教師にはなれないんだな」ということです。
　私は，今まで「あんな素敵な先生，立派な先生になれたらいいなあ」と憧れる先生，尊敬する先生にたくさん出会ってきました。そして，そんな先生になりたいと思い，試行錯誤を繰り返してきました。
　おそらく，その試行錯誤の中で，私自身の教師としての考え方や立ち居振る舞い，そして指導のあり方は変わってきているはずです。
　それでもやっぱり憧れのＡ先生やＢ先生のようにはなることはできず，それどころか馬齢を重ねるごとにますます「海見純らしく」なってきているように思います。

　考えてみればそれは当たり前の話です。私は私でしかないのであって，憧れのＡ先生でも尊敬するＢ先生でもないのです。私がＡ先生やＢ先生になることはできないのであって，海見純以外の教師にはなることはできないのです。
　そんなことを思い始めた当初には，「なんだ，俺はどれだけがんばっても海見純以外の教師にはなれないのか。つまらんなあ」と感じていました。自分が海見純以外の教師にはなれないということを，後ろ向きに捉えていたのです。
　しかし，最近は「どうせ海見純以外の教師になれないんだったら，『考え得るもっとも素敵な海見純という教師』になりゃあいいじゃん」と，海見純という教師として生きることを前向きに考えるようになりました。
　私がなぜそんなふうに思えるようになったかを考えてみると，それは，職場の仲間，先輩方に支えられ，励まされ，認められる中で，「ああ，俺，海見純という教師でいいんだ」と，自分を肯定できるようになってきたからだと

思います。学校，あるいは学年団というチームの中で，海見純という教師の居場所があり，役割があり，そして自分が学校や学年団の役に立っている，そんなふうに私自身が感じているからだと思います。また，学級の中においても，生徒たちに担任として認められていると感じ，また生徒たちが教室で共に生きる仲間として私に接してくれていると感じているからだと思います。

　つまり，私は，学校や学年団，そして学級というチームの一員であると感じているからこそ，海見純という教師であることを，いいところも悪いところもひっくるめて肯定的に捉えられるようになったのだと思います。学校とか学年団とか学級というチームに所属するからこそ，自分自身の個性を肯定して，よりよい自分になりたいと思えるようになったということです。

　生徒にとっての学年や学級も，同じことではないでしょうか。
　一人ひとりの生徒が，学年や学級というチームの一員として認められていると感じることで，それぞれに自分の個性を肯定し，よりよい自分になろうと思える，そんな学年集団づくり，学級集団づくりができたら素敵だなと私は思います。

　そんな思いを込めて行ってきた実践を，本書にまとめました。

　ここまで読んで下さった先生方，どうもありがとうございました。
　本書が，先生方の学級集団づくりにほんの少しでも役立てば幸いです。

　最後に，私のような者の拙い実践を発表する機会を与えてくださった赤坂真二先生，なかなか原稿の書けない私に我慢強く声をかけ続けてくださった及川誠様，そして，私の拙い原稿をきめ細かい校正・修正で整え，本書の形に仕上げてくださった姉川直保子様に心から感謝申し上げます。

海見　純

【編著者紹介】

赤坂　真二（あかさか　しんじ）
1965年新潟県生まれ。上越教育大学教職大学院教授。学校心理士。19年間の小学校勤務では、アドラー心理学的アプローチの学級経営に取り組み、子どものやる気と自信を高める学級づくりについて実証的な研究を進めてきた。2008年4月から現所属。研究力と実践力を合わせもつ教員を育てるため、教師教育にかかわりながら講演や執筆を行う。

【著者紹介】

海見　純（かいみ　じゅん）
1972年富山県生まれ。富山県公立中学校教諭。2009年より寺崎賢一氏が主催する富山国語研究サークルに所属（現「富山ことのは」の前身）し、研鑽を積む。2013年に上越教育大学の赤坂真二氏の研究室に短期の内地留学で所属し、学級づくりについて学んだ。
共著に『一人残らず笑顔にする学級開き　小学校〜中学校の完全シナリオ』『最高のチームを育てる学級目標　作成マニュアル＆活用アイデア』『いじめに強いクラスづくり　予防と治療マニュアル　中学校編』『信頼感で子どもとつながる学級づくり　協働を引き出す教師のリーダーシップ　中学校編』他多数。

学級を最高のチームにする！
365日の集団づくり　中学3年

2017年3月初版第1刷刊	編著者	赤　坂　真　二
ⓒ	著　者	海　見　　　純
	発行者	藤　原　光　政
	発行所	明治図書出版株式会社

http://www.meijitosho.co.jp
（企画）及川　誠（校正）姉川直保子
〒114-0023　東京都北区滝野川7-46-1
振替00160-5-151318　電話03(5907)6704
ご注文窓口　電話03(5907)6668

＊検印省略　　組版所　長野印刷商工株式会社

本書の無断コピーは、著作権・出版権にふれます。ご注意ください。

Printed in Japan　　　　　ISBN978-4-18-274320-7
もれなくクーポンがもらえる！読者アンケートはこちらから　→

THE教師力ハンドブック
汎用的能力をつける アクティブ・ラーニング入門
会話形式でわかる社会的能力の育て方

西川 純 著

「えせアクティブ・ラーニング」にならないための秘訣

AL入門、第3弾。「なんちゃってアクティブ・ラーニング」ではない、子ども達に社会で生き抜くジェネリックスキル・汎用的な力をつける授業づくりとは？学校でつける一生役に立つ社会的能力が子どもの未来を切り拓く！アクティブな授業づくりの極意を会話形式で伝授。

四六判 144頁
本体 1,760円+税
図書番号 2612

アクティブ・ラーニングをどう充実させるか
資質・能力を育てる パフォーマンス評価

西岡加名恵 編著

本質的な問いから探究を生む「パフォーマンス評価」実践集

「アクティブ・ラーニングにおいて評価はどうすれば？」そんな疑問に応える「パフォーマンス評価」実践集。アクティブな活動を充実させる「パフォーマンス課題」を活用した各教科の授業＆評価モデルを収録。ポートフォリオやルーブリックを活用した探究も徹底サポート。

A5判 144頁
本体 1,800円+税
図書番号 2589

「教師を辞めようかな」と思ったら読む本

新井 肇 著

事例＆教師自身の語りでまとめた現場教師への応援歌！

学校現場から、教師の疲弊する声が多く聞かれます。多くの教師たちが、「辞めたい」と思うまでに追いつめられるのはなぜなのか。また、そのような危機をどのようにすれば乗り越えられるのか。具体的な事例＆教師自身の語りで、現場の先生へのエールとしてまとめました。

四六判 144頁
本体 1,600円+税
図書番号 1808

学級を最高のチームにする極意
アクティブ・ラーニングで学び合う授業づくり
小学校編／中学校編

赤坂真二 編著

各教科におけるアクティブ・ラーニング成功の秘訣！

アクティブ・ラーニングは「主体的で協働的な学習者の育成」が核です。それには教科の特性を踏まえた、主体的に追究できる課題づくり＆授業の展開が必要です。本書では協働を実現した成功実践モデルを各教科にわたって豊富に紹介しながら、成功の極意をまとめました。

小学校編
A5判 152頁 本体 1,700円+税
図書番号 2556

中学校編
A5判 144頁 本体 1,660円+税
図書番号 2557

明治図書 携帯・スマートフォンからは **明治図書ONLINE へ** 書籍の検索、注文ができます。▶▶▶

http://www.meijitosho.co.jp ＊併記4桁の図書番号（英数字）でHP、携帯での検索・注文が簡単に行えます。

〒114-0023 東京都北区滝野川7-46-1 ご注文窓口 TEL 03-5907-6668 FAX 050-3156-2790